親の介護をしないとダメですか？

吉田潮

JN194924

はじめに

自分の離婚の顚末《てんまつ》を書いた本『幸せな離婚』（生活文化出版）を2006年に出した。そして不妊治療と子ナシ人生を書いた『産まないことは「逃げ」ですか？』をKKベストセラーズから2017年に出した。そして、今度は介護である。離婚・不妊・介護。こうなったら、次は墓探しか亡命か自己破産か。とにかく自分の体験を余すところなく、切り売りしてきた。ええ、フリーランスですから。身過ぎ世過ぎは人それぞれ。

この本は、大好きな父が老いて、介護が必要になり、老人ホームに入れることになった顚末を『日刊ゲンダイ』で連載したのがきっかけだ。当初は、

「何かエロ関係で連載記事を書けないか」

と声をかけてくださったのが、日刊ゲンダイ社長の寺田俊治さんだった。ところが、ちょうどその時期、父を老人ホームに入居させた頃で、手間暇かけたエロ記事に向かう根性と体力と時間がなかった。その話をしたところ、同じく日刊ゲンダイの和田真知子さんが

「じゃあ、そのお父さんの介護の話で連載やりませんか」

と枠を作ってくださったのだ。題して、「実録　父親がボケた」。2018年4月から20回分の原稿を書かせてもらった。これに加筆し、その後日談も入れたのが本書である。

介護の現状を書いた本は、だいたい3パターンに分けられると思っている。

ひとつはどちらかというと、介護施設側から発信する、お涙頂戴の愛と奇跡の物語だ。「ホームではこんな話がありました」とキレイゴトのエピソードをこぞって集めた本で、私はこれを「美談仕立ての感動ポルノ」と密《ひそ》かに呼んでいる。

もうひとつは、芸能人の本にも多くみられる「親のために介護を頑張りました！　自宅介護で地獄を見ました！　それでも家族だもの、親だもの。子供が介護をするのは当たり前」といった、自宅介護の疲弊と苦労を綴《つづ》ったタイプ。これを「自宅介護で親孝行という呪い」と呼んでいる。この手の本が一番多い気がする。

そしてもうひとつは、介護業界の実態や老々介護の悲惨な現状を緻密に取材した「Nスペ張りの渾身ルポ」。新聞記者や、それこそNHK取材班が炙《あぶ》り出す、社会問題としての介護を取り上げる手法の本だ。

残念ながら、この本はどれでもない。

正確に言えば、私は父の介護をほとんどしていない。24時間態勢で父を介護したことは一度もない。主に、母が担《にな》ってきたのだが、母の限界を目の当たりにして、老人ホーム入居を速攻決めた。美談でもないいし、悲惨な状況にも陥っていないないし、自宅介護は一ミリもお勧めしない。かといって、老人ホームを絶賛して喧伝《けんでん》するわけでもない。

たまたま父のケースでは、徘徊《はいかい》や暴言・暴行などの問題行動もほとんどなく、特別養護老人ホームもすぐに入居できた。そこからの家族の淡々とした日常であり、先は長いなぁと実感している、という話だ。

だから、今現在、親の介護で苦しんでいる人のお役にはあまり立てないかもしれないし、さほど感動のエピソードもない。父もボケながらもまだまだ元気で生きているし。怒りや悲しみではなく、無理をしない「諦観《ていかん》のススメ」の要素が強い。親の老化と向き合って、合理的に対処し、かつ自分の生活を維持する。それに尽きるのだ。

ただし、自分の親を見て「だいぶ老け込んだなぁ」「でもまだ大丈夫かな」という段階の人には、ぜひ読んでいただきたい。「親が介護状態になったらどうしよう」と不安に思っている人にも、ぜひ読んでいただきたい。

私の父というたった一例の話ではあるが、どうやって人は老化していき、主語を失っていくのか、家族が今からできることは何か（ま、老化防止なんて、思いのほか人間は無力だから、何にもできないのだけれど）、老人ホームに入ったらどうなるのか、などなど。

そして、今40代、50代の人は親の介護よりも自分の老後の心配をしたほうがいい、ということも記しておきたい。

若い人に決して夢を与えず、中年世代に警鐘を鳴らしまくり、高齢者には容赦なく手厳しい、そんな一冊に仕上がっております。

親の介護をしないとダメですか？

目次

はじめに

第1幕 親はこうして突然老いていく

第2幕

母と子はこうしてだんだん疲弊する

──【実録】母と娘の「まあちゃん介護雑記」

＊【ネーヤ・記】とは、母親が書いた日記の意

第3幕

父の介護で見えてきたもの

登場人物紹介

母・ネーヤ

THE昭和の女。昭和の男に尽くしながらも自らは俳句など趣味も持つ。本書第2幕の「介護雑記」では【ネーヤ・記】として克明に夫のボケぶりをメモる。たまに罪悪感を覚えて「お父さんかわいそう病」が発症する

コデッキ

姉・地獄の飼う3匹の猫の1匹。
なぜかネーヤのところに住み込む

父・まあちゃん

東京外国語大学卒の元新聞記者で現在78歳。典型的な「メシフロネル族」、まさに昭和生まれの男。2006年退職後から次第に「ボケ」が始まり、今では18年から特養老人ホームへ。自称「おっどーん」

姉（長女）・地獄

主に女性誌で活躍するイラストレーターの「地獄カレー」。父から溺愛され、自由奔放に育つ。2008年までシンガポールで暮らした。現在は、父が建てた別荘（通称・ログ）で暮らす。妹、潮からは地獄と呼ばれる

キクラゲ

妹・潮の飼う
20歳を超える猫。
誰にも懐かない孤高の女

妹（次女）・潮

コラムニストで本編の著者。メジャー週刊誌や新聞で書いても父からはスルー。でも、どこかで父に認められたいと思っている。父の介護で壮絶な糞尿問題に遭遇するも、親の介護についてひとつの「答え」を見つける

ロティ　**ネネ**

姉・地獄のシンガポール時代の愛猫。
日本の実家に居着いた

第1幕
親はこうして突然老いていく

父、誇り高き、長続きしない男

2019年、私の父は78歳になった。

超高齢社会の日本では「まだまだ若い」と思うかもしれないが、父はこの数年、猛スピードで老けていき、年齢不相応のボケっぷりを発揮した。

現在は自分の足で立つのもおぼつかない。ヨチヨチどころかヨボヨボ。足腰が衰弱し、車椅子がなければ外出できない。排泄の失敗は日常茶飯事で、紙パンツからもダダ漏れる。

しかし、残念なことに大病もなく、内臓はすこぶる元気で、よく食う。

そんな父が老人ホームデビューすることになったのは、2018年の春だ。

もうそろそろ1年半が経《た》とうとしている。

そこに至るまでに紆余曲折あったのだが、母の**介護疲労**が限界を超えたというのが最大の理由である。一応、娘としてはあの手この手で父の老化防止策を講じてきたつもりだ。

正直に言う。

「老化は誰にも止められない」と。

酒もタバコも嗜《たしな》まない父が、脅威のスピードで寝たきりまっしぐらになったのだから。アンチエイジングなんてウソっぱち‼ と声を大にして叫びたい。

ということで、晴れて老人ホームデビューを飾った父を祝って、老化の軌跡をたどっていこう。


父は**新聞記者**だった。

2001年に定年を迎えた後、引き続き嘱託で5年間延長して働いた。閑職の部署ではあったが、たまに記事も書いていた。

性格はというと、時折、瞬間湯沸かし器のようにカッとなって怒ることもあったが、基本的には物静かな人だった。いや、それは美化した表現だな。なんというか、常に人の言葉尻をとらえてはダジャレを言う人だった。

身長は174㎝と高いほうだが、決してスポーツマンではなく、運動とは無縁。むしろ運動音痴疑惑のほうが濃厚である。学生の頃、自転車で日本一周したとは聞いているが、当時の道路事情を考えると、どこまで本当に回ったのかはわからない。

ときどき、魔が差して、ゴルフのクラブセット一式を買ったり、高級なロードレースタイプの自転車を買ったりしていたが、ほぼ使わずにホコリだらけになっていた。三日坊主どころか、買っただけで満足し、興味が終了してしまう人だった。

かといって、読書や映画にハマって蘊蓄《うんちく》を垂れるタイプでもない。大勢でワイワイ集まって酒を飲んで、という豪快な人でもなければ、何かに没頭してその道を究める職人肌でもない。趣味は旅行と写真だけ。


65歳で本格的に退職した後は、時間を持て余しているので、タウン誌の編集の仕事にも応募したようだ。ところが、面接から帰ってくるなり、

「あんなところでやってられるか！」

と、ぷんぷん怒っていたという。

2006年の父には、まだプライドがあったのだ。

そして、なぜか「男の料理教室」へ通い始めたという。しかも2か所。ただし、母によれば、何を習ったのか聞いても答えないし、帰ってきても家で作ることはほとんどなかった。一度だけ、料理教室から帰ってきて、生のイカをカッスカスになるまでフライパンで炒めたことがあるらしい。何の料理を習ったのか、母があれこれ聞いても答えない。結局わからなかったという。イカ一杯を無駄にしおって。

この頃は**認知症**ではなく、プライドがいろいろなことを邪魔していたと思われる。

習った料理を再現しようとしてもできなかった。できなかったとは言いたくない。男のプライド。とにかく料理の才能もセンスも、ないことだけはわかった。

さらには、「シニアの大学」という趣味の講座にも通って、陶芸にチャレンジしていた時期がある。

そのときに父が作った皿と灰皿は、私が今でも愛用しているが、どう見ても不細工な仕上がりだ。成形という概念も意気込みもない。釉薬《うわぐすり》の色がいいので気に入っているのだが、造形のセンスや才能がないこともよくわかる。

このシニアの大学には楽しく通っていたようだが、一度、時間に間に合わなくて、とぼとぼと帰ってきたことがあったそうだ。

母に言わせれば、

「もしかしたら、あの頃からボケ始めていたのかも……」

とのこと。

それ以来、父はシニアの大学に行かなくなった。

これは認知症なのか、プライドなのか。どの段階から始まっていたのか、今となってはよくわからない。

父、メールが打てなくなる

私が初めて父の老化を感じたのは、２００８年、父が67歳の時だった。新宿御苑で父と母と花見をしたときに、何にもないところで父が転んだのだ。ただし、その後も家族で温泉旅行にも出かけたり、ごく普通に都内のあちこちを一緒に歩いたりしていたので、認知症の「に」の字も心配していなかった。ちょうど、シンガポールに長年住んでいた姉が日本に戻ってきた年だ。父もボケている場合ではなかったのだ。大好きな娘が十数年ぶりに帰国することで、父は明らかに浮かれていた。

私自身が深刻だと思い始めたのは、今から6年前の２０１３年だ。父からのメールの変化である。

まず、句読点の「、」「。」と、濁音や破裂音の「゛」「゜」を間違えるようになった。ただし、これは携帯電話のキー操作の問題、あるいは老眼の問題とも考えられる。慣れていない人独特の「あるある」話なのかもしれない。日本語として、ありえない位置に○がついた文字は、女子高生っぽくて、ちょっとカワイイなと思っていたくらい。

そのうち、漢字変換ができなくなって、ひらがなだけのメールになった。改行もなく、句読点や濁音・破裂音も消滅した。例えば、メール文面はこうだ。

「けんきかちゃんとたへてれかしゃーにーおっとーん」

なんというか、中東の香り、イスラム圏の経典の響きのような味わいである。訳すと、

父からのメール。老化が進み漢字変換ができなくなり、すべてひらがなに。「よ」の後の「゜」をどう打ったのか不明。女子高校生っぽくて、ちょっとカワイイ日本語に……

「元気か　ちゃんと食べてるか　じゃあね　おっどーん」

である。父は自分のことを**「おっどーん」**（お父さんの意味）と書き、メールや手紙の最後に必ず入れていたのだ。ちなみに姉と私は20年くらい前から、父のことを**まあちゃん**、母のことを**ネーヤ**と呼んでいる。本名にちなんだ呼称で、お父さん・お母さんとは呼ば

なくなった。もしかしたら、父はそこに忸怩《じくじ》たる思いがあって、「おっどーん」と書くようになったのかもしれない。

そのうち、どこをどう押したのか、日本語変換ができなくなって、文面がローマ字だけのメールもきたことがある。もはや解読不能。暗号か、何かの呪いかと思った。

以前は、メールで写真もやたらと送ってきたのに。その写真も次第にピントがボケていき、とうとう添付の仕方もわからなくなったようだ。父が奮発して購入したニコンのデジタルカメラも、気がつけばホコリだらけ。60万円が無駄になったわけで。

自分で現像して紙焼きにするほど写真が好きだったし、原稿もワープロで書いていたはずなのに。ここまで衰えるものかと愕然《がくぜん》とした。少し悲しかった。

とりあえず、親からの意味不明なメールが増えたら、老化が本格的に始まったと思っていい。あるいは頻繁《ひんぱん》にきていたメールがパタリと来なくなったら、やり方を忘れてしまった可能性が大きい。私の父は坂を転がり落ちるように、日常的な作業ができなくなっていった。

アナログ世代だからデジタルが不得手なのは当然、と思ってはいけない。今まではできていたことができなくなる。すっかり忘れてしまうのだから。

父、文化がなくなる

２０１４年、父の行動がますますおかしくなってきた。

母によれば、「食事を出した途端にパソコンの電源をつけたり、他のことをやり始めるからムカつく」のだとか。わざと嫌がらせをしているのか、ボケてしまったのかわからない行動が増えたという。一緒に暮らして、掃除・洗濯・炊事すべてを世話する人間からすれば、怒るのも当然のこと。

そもそも、父は家事を一切手伝わない人だった。そして人付き合いが不得手なほうで、友達も多くはない。非社交的な人間の余生に趣味は必須だが、その趣味の写真もパソコンの使い方もわからなくなってしまったのだ。

暇つぶしといえば娘たちに電話することくらいしかなかったのだろう。メールが打てなくなったもんだから、電話なのだ。こちらが忙しいときに限って頻繁に電話してくるのだが、用はない。会話も続かない。姉と「いよいよボケ到来！」と話した記憶がある。

本や新聞を読みたい、外に出かけたい、旅行したいなどの意欲は減少し、ぼんやりすることが増えた。父から「文化」がなくなったという感覚。

それまでは闊達《かったつ》だった親が、急に老け込んだと感じたり、無気力になったと思ったら、すでにボケが始まっていると思ったほうがいい。

新聞を開いても実は読んでいない。テレビをつけていても、ほとんど観ていない。リモコンのボタンをやたら押しまくった挙げ句、契約していない有料放送の画面や砂嵐画面でフリーズし、元の地上波に戻せなくなる。そして電源を切る。これを繰り返していたら、もう始まっている。意欲がなくなるだけでなく、根気や集中力もなくなる。今さっきテレビで放送していた内容を聞いても、まったくわからないというのだ。

実は、このとき私はコクヨが販売している**エンディングノート**を家族全員に配った。それぞれが必要事項を記しておくようにと渡したが、父は書かなかった。というか、書けなかった。意味がわからなかったのかもしれない。エンディングノートは心身とも健康なうちに渡さなければ無意味だと知る。時すでに遅し。

そして、２０１５年。父は頻繁に転ぶようになった。ちょっとした、本当にちょっとした傾斜でも足がもつれて転倒する。しかも防御すべき手が前に出ず、顔面から地面へと落ちる。当然、顔は流血と打撲の大惨事だ。２０１５年の年末には3回も転んだ。坂道でもんどりうって頭を強く打ちつけたときは、救急車も呼んだ。

検査をしても脳や骨に異常はないのだが、顔面は悲惨だ。試合後のボクサーのような顔なので、他人から「家庭内で虐待されているのではないか」と疑われるレベルである。骨折などのおおごとになれば、それはそれで大変なのだが、父は骨が異様に丈夫だ。アクロバティックにすっ転んでも、大事には至らない。正直、それも厄介ではある。

転倒につぐ転倒で、眼鏡も破損を繰り返し、とうとう父自身も眼鏡をかけなくなった。ずっとド近眼で子供の頃から眼鏡をかけてきた父。この世界を己の目で見届けようという意欲も減退してしまったようだ。

父、紙パンツ始めました

転倒する頻度もさることながら、排泄の失敗も増えた。小便はもちろんのこと、大便もだ。その処理をするのはすべて母である。

ある日、大便を漏らした父。そのとき、父に羞恥心や罪悪感は一切なく、ヘラヘラと笑っていたという。２０１5年末のことだ。

この頃から、実家のトイレが公衆便所のようなニオイになった。便器外にはみ出た尿を吸うパッドや消臭マットを使うも追いつかず。おまけに歯を磨けていないせいか、口臭も激化していく父。老化とはこういうものだと改めて痛感した。

そして、とうとう**紙パンツ**を穿《は》かせることにした。要はオムツの一種だが、介護の場合は紙パンツと呼ぶ。介護される側のプライドを保つためだとか。よく聞く話では、プライドが邪魔して紙パンツを断固として拒む老人が多いという。それゆえに漏らして汚してしまった下着を、たんすや押入れに隠しておく。悲惨な光景が目に浮かぶ。

父も初めは嫌がったが、ここで活躍したのが姉である。ちなみに私は姉のことを「**地**《じ》**獄**《ごく》」と呼んでいる。姉は自ら紙パンツを穿き、「うわー、これ快適だわぁ♪」と父に勧めた。

父は姉が大好きだ。姉は、父が生まれた土地に建てた別荘（小屋だけど）にひとりで住んでいる。千葉の奥地で、猿や猪が出るド田舎なのだが、父方の墓地の真ん前だ。姉を墓守娘と信頼しているのだろう。車で2時間かかる奥地から実家に駆けつけた姉が、父の尊厳を傷つけずにうまく勧めてくれたので、素直に穿いてくれたのだ。

この頃、私だけは父の粗相シーンに直面しておらず、糞尿処理をしたことがなかった。

母は糞尿処理が日常茶飯事だし、姉は父がトイレに間に合わずに、ボタボタと垂らしなが

まぁちゃん
［認知症］
までの
道のり
2001年 60歳
まったくボケていない
新聞記者
5年間延長
2006年 65歳
「ボケ」の兆候出る
うりゃー!
2008年 67歳
明らかにボケ始める
……
おーーーいっ
けんぴきかっっ!
でんわ
くれっっー
おっ
どーーー
2014〜15年 75歳
もれちゃった
えぇっ!!
足腰弱く
排泄の失敗
おっとっと
わわッ
イデー!!
2016年
要介護1
言葉は出なくても
とにかく
ニッコリ
トイレのドアとかんちがいしている
お父さん冷蔵庫開けて何してるの?
しょんべんがもれそうなんだよ!!

ら歩く姿に遭遇している。トイレに至る道すじから座ってしまった便座まで、すべてがウンコまみれ、床もオシッコでびしょびしょ、という地獄絵図を経験しているのだ。紙パンツの必要性を痛いほどわかっているからこその説得力。拒《こば》まずにすんなり穿いてくれたことは幸運としか言いようがない。

そして、もうひとつ幸運なことがあった。両親の住むマンションに、**地域包括支援センター（高齢者の相談窓口）**の人が講演に来たという。「家族のことで不安な方はお気軽にご相談ください」と言ってくれたらしい。

父の糞尿と日々奮闘していた母は、躊躇《ちゅうちょ》することなく相談に行き、**介護認定**を受けることになった。このステップになかなか踏み切れない人が多いと聞く。「うちはまだ大丈夫」「家族でなんとかする」と奥ゆかしい限りだ。でも、日常に支障をきたしたら、速攻相談するべきである。母は即相談した。そこはよかった。

判定の結果は「**要支援1**」。最も軽いレベルだが、介護サービスを受けられるのだから、一歩前進である。2016年1月のことだった（要介護度別の状態を次ページ「**表1**」でまとめてみた）。

しかし、事件はその後に起きたのである。

表1 要介護度別の状態(あくまでも潮の感覚です)

認知症のレベルはいろいろあるので、要介護度と一緒にしないほうがいいのかなと思うけれど……。また、判定するのは家族ではないし、家族以外の人間に対しては見栄をはり、頑張って正常を装う老人も多い。頭はしゃっきりしていても、体が動かなくて要介護の人もいれば、体はめちゃくちゃ元気だが、認知症が進んで要介護の人もいる

要支援1〜2 ※この1と2にどれくらいの差があるのか正直不明。要介護にしないためのライト版とも

生活に支障をきたすほどではないが、日常生活で「できなくなる」ことが増えた状態。今まで当たり前にできていたことができなくなる。電話はかけられてもメールなどの操作ができなくなるなど。手や足が思ったように動かないため、落とす、こぼす、壊す、転ぶが増える。また、綺麗好きだった人が身だしなみに気を配らなくなる、掃除しなくなる、など。趣味に気持ちがいかなくなったり、物事に対する興味や関心が薄れ始める。「不活発化による廃用症候群」が徐々に顕著に。ただし、排泄や食事は自分でできるため、ごく普通の年寄りに見える。家族も「単なる老化」で片付けがち。介護サービスの利用で改善する可能性が高い、とみなされる状態だ

要介護1

問題行動や理解低下が増える。理屈に合わないことを口走ったり、何かに執拗なこだわりを主張したりする。リモコンや電子レンジの使い方がわからなくなるなど、電化製品の使い方で気づくことも。立ち上がる、座るなどの基本動作にサポートが必要になる。このあたりから、動き方が緩慢になったり、不安定になり、見ている人が不安感を覚える。見た目も「THE老人」化

要介護2

ぼーっとする時間も増え、時間の概念が狂うことも。移動したり、行動開始までに時間がかかり、家族は苛立ちを覚えるかもしれない。視野が狭くなり、見えていないモノが増える可能性あり。排泄の失敗が増え、なかには失敗を隠そうとする人も。食べたことを忘れたり、食べ物をやたら食べてしまう。排泄や食事の面で、問題が出てくる。どう考えても「危ない」「おかしい」と思うような行動をとってしまう。ひとりでの外出も厳しくなる

要介護3

立ち上がったり、歩くときにサポートが必要。排泄も入浴もひとりではできなくなる。身の回りのことがほぼ自分でできなくなり、時間や日付の概念、数日前の記憶などもなくなっていく。ただし、昔のことは覚えているので要注意。「自立」という言葉が生活全般から消えると思ったほうがいい。ひとりでの外出も困難。特別養護老人ホームに入れるのは、この要介護3から

要介護4

日常生活全般がほとんどひとりでできない状態。紙パンツ必須。すでに車椅子を利用、あるいは認知症も進み、生活に支障が出る。要介護4で自宅介護は家族にも相当の負担がかかると思われる。コミュニケーションが取れなくなる人も。ただし食べることはできる。父は現在この段階にいる。ダジャレも言うし、まともな時間もあるが、寝たきり一歩手前であることは確かだ

要介護5

排泄も食事も歩行も、人の助けなしにはできない状態。意思の疎通はできても、寝たきりになるなど重い状態。ホームでも部屋からほとんど出られない状態に

父、風呂から出られず救急車騒動

ボケたのをいいことに、父のプライベートをさらけ出して銭に替える鬼畜の所業。それが私の生業である。父が憎いワケではない。むしろ好きだ。尊敬もしてきた。でも自宅介護はしない。テレビドラマ『ドクターX』（テレビ朝日）の米倉涼子ではないが「一切いたしません」。介護はプロに任せるほうが父も快適だと思うから。

そこに立ちはだかったのは、母の「昔気質《かたぎ》の面倒見のよさ」だ。父の粗相は増え、日常生活でできることがどんどんなくなっていく。自力でやらせればいいことも、母が先回りしてやってしまうのだ。

食べ終わった後の皿くらい自分で下げさせればいいのに、母がさっさと片付ける。尿で濡れたズボンは手取り足取り着替えさせ、靴下までも履かせてやる。風呂では尻の穴まで洗ってやる。母いわく、

「お風呂もザブンと入るだけで、お尻にウンコつけてカピカピのまま出てくるのよ！」

だそう。洗うという概念が抜け落ちてしまったのか。

しかし、**昭和初期生まれの女**はこれだから厄介。いや、諸悪の根源は昭和初期男だな。モーレツに働く代わりに、上げ膳据え膳で生きてきた甘えん坊将軍め。メシフロネル族の男は要注意だ。

ソファーにだらしなく腰かけ、日がな一日テレビを観るだけの父。ろくに運動もせず、3食&おやつに昼寝つき。父の腹部は「不思議の国のアリス」に出てくるハンプティ・ダンプティのように膨れ上がり、体重は85㎏を超えた。身長は174㎝とあの年代の中では高いほうではあるが、いくらなんでも腹が出過ぎだ。運動不足で手足の筋肉は衰えて細くなり、棒のように萎《な》え、しかもむくみ始めている。

そんな矢先、事件が起きた。2016年2月のことだ。

夜、母から「お父さんが浴槽から出られなくなった」という電話がきた。溺れているわけではないが、自力ではまったく立ち上がれない。85㎏の巨体を母がひとりで引き上げることもできず。東京から私が助けに行くにしても、1時間半はかかる。このままでは父の体は冷え切る。お湯の温度を保つにしたって、逆にのぼせてしまう。仕方なく救急車を呼ぶことになった。父の筋力低下は、おそるべき勢いで進んでいたのだ。

実は、その後も同様の状況になり、計3回も救急車を呼んだという。迷惑千万な話だ。

うち1回は母が動揺し、間違えて警察にも電話をしてしまった。制服を着た警官が何人も家にきたそうだ。「介護を苦に夫を殺害計画か」と、疑われたに違いない。

これを聞き、姉と私は本格的な介入を決意した。

長年の過保護は人間から自立心と意欲を奪う。ひとりで頑張ってきた母を責めるつもりは毛頭ないが、昭和的な夫婦の在り方は、悲劇の温床だと思った。

まず、母が地域包括支援センターに電話をかけ、浴室事件のあらましを説明。センターのスタッフが自宅に来てくれて、浴室内の介助用具を導入することになった。介助・介護用具専門業者がいて、分厚いカタログも見せてくれる。実際に、何が必要なのか、父の動作を確認しながら検証。浴室に手すりをつけ、浴室内の椅子と浴槽内の椅子、滑り止めマットが必要だとわかった。

父の動作確認をして、ちょっとびっくりした。「どう考えてもそこにつかまったら、危ないでしょ? というか、つかめないでしょ?」というところをつかもうとする。想像してみてほしい。浴室の壁についた小さなスイッチパネルを。丸めて立てかけた風呂のフタを。とりあえず視界に入った小さな突起物や、確実に不安定なモノをつかもうとしたのだから、思わず「危ない!」と声が出てしまった。

しかも一度つかんだところはなかなか離そうとしない。危険を察知することも回避することもできず、いったん動かした手足を元に戻す指令もうまく伝わらない。認知の歪《ゆが》みとはこういうことか、と慄《おのの》いた。

介護保険が使えるといっても、手すりなどの大がかりなモノは、万単位でお金がかかる。また、浴室やトイレの構造によっては、手すりを設置できない場所もある。マンションでは壁に穴を開けられない箇所もあり、欲しいところにつけられないジレンマもあった。大枚はたいて設置しても、本人がまったく触りもしない、という悲劇も起こりうる。

用具によっては月額数百円というレンタルも多いので、購入ではなく、とりあえずレンタルで様子見を。決して専門業者の言いなりにならず、本当に必要なモノだけを最小限に、から始めたほうがいい。

もうこのあたりから、金のニオイがし始めるわけだ。

父、リハビリ専門のデイサービス開始

浴室環境を整えるだけでなく、父の運動機能低下が著《いちじる》しいので、**要支援認定の不服申**

し立てをすることにした。どう考えても「要支援1」では軽すぎる。父の悪循環について考えてみたことがある。

足元のおぼつかなさ、転倒不安は外出恐怖となる。外へ出るのが億劫になる

←

家のコタツでコタツムリ（動かざること山の如し）

←

運動不足、カロリー過多、便秘

←

筋力低下、機能低下

←

さらに動くのが億劫になる

←

トイレに間に合わない、失敗の繰り返し

←

排泄不安で自信喪失

外出恐怖 ←

とフリダシに戻って繰り返す。このままでは寝たきりまっしぐらだ。

特に、便秘が問題だった。父はもともとおなかが弱い人だったが、老化で腹筋が弱くなったせいか、便秘がちになった。温水洗浄で長時間刺激してもなかなか出ないため、タンクの水がなくなるほど水流を当てていたと記憶している。一度、便秘薬を飲み始めたら、その常習性にまんまとハマってしまい、便秘薬がないと出なくなってしまったのだ。

また、便秘薬の場合、飲むと激しく下痢になる。便意を我慢できなくなり、粗相も増える。出なければ苦しいし、タイミングをあやまると、トイレに間に合わずスプラッシュ、という地獄絵図である。

そこで、父を定期的に外出させて、運動させるために、リハビリ専門の**デイサービス**に通わせようと考えた。介護保険サービスを利用するので、**ケアマネージャー**との密なお付き合いが始まる。現状を伝えつつ、父と面談もして、機能回復のケアプランを立ててもらった。

ケアマネさんがまず勧めてくれたのは、自宅から最も近い**老人福祉センター**だった。囲碁や卓球をしに来る元気な老人も多いようで、人気のある施設のようだ。でも、父はそういうタイプではない。社交的ではないし、そもそも体も動かない。「協調性が皆無なので、そういう和気あいあいのサークル活動は無理です。むしろ理学療法士にマンツーマンできっちり運動をサポートしてもらえるほうが性に合ってます」と伝えた。

また、父の状態からすれば、自宅までの送迎があるところでないと厳しい。そして機能回復をメインで、運動に力を入れているところが望ましい。ケアマネさんが父に尋ねた。

「自宅に理学療法士が来てくれるタイプと、ご自身で通うタイプ、どちらがいいですか?」

なんと父は「通うタイプで」と即答したのだ。

え、そうなの? もしかしたら「俺はまだ若い」といううええかっこしいなのか、それとも本当は家の外に出たかったのか、はたまた、質問の意味を理解していなかったのか。

ケアマネさんが紹介してくれたのは、「口腔ケアと運動」を売りにした施設と、ちょっとこじゃれたジムのような施設のふたつだった。後者のほうが自宅から近いし、鍼灸・あんまマッサージの国家資格をもったスタッフが常時4~5名いて、個人に合わせた運動機能回復を図ってくれるという。とりあえず見学もできるというので、後者の施設に父と母と見学に行った。

雰囲気は悪くなかった。さまざまな運動器具が置いてあり、スポーツジムのような感じだ。利用者の女性はおしゃべりに花を咲かせつつ運動している。男性はどちらかというと黙々と運動している。リハビリの運動だけでなく、毎回マッサージもしてくれるという。「私が行きたいくらいだわ」と、母も私も気に入った。トイレがひとつしかないのが不安ではあったが、週1回利用することに決めた。

初めは億劫がっていた父も、次第に慣れていった。

どんな運動をしたのかはよくわからない。ひとつしかないトイレにこもってしまったり、間に合わずにオシッコを漏らして、びしょびしょになって帰ってきたこともあるそうだ。

本人のやる気がなければ、スタッフも無理強いはできない。父は施設に行っても、体を動かさずに座っていただけかもしれない。疲れて帰ってくるものの、機能が向上する気配はまったくなかったからだ。おそらく若い頃から体を動かす習慣のあった人には効果的だが、父のような運動音痴のガリ勉タイプには不向きだったのだ。

それでも継続は力なり。施設へ行く機会を週1回から週2回にして、とにかく不活発化を食い止めようとした。

娘の思い、親に通じず

そこで思いついたのが「向《むこう》田《だ》邦子《くにこ》のはがき作戦」である。

彼女のエッセイ『字のないはがき』は、学童疎開した幼い妹に大量のはがきを渡し、元気なときは○をつけてポストに入れるように指示した父親の話だ。まだ字が書けない妹でも、○なら書ける。初めは大きな○だったが、次第に小さくなっていき……という涙を誘う話だが、ひらめいた。

父に、切手を貼りつけた大量の絵はがきと、私と姉の住所を書いた紙を渡した。

「なんでもいいから書いて毎日ポストに出しに行って」

字を書くこと、書く内容を考えること、そして郵便ポストまで（といっても、家の真ん前にあるのだが）歩くという運動効果も得られると思ったのだ。

初めのうちは毎日はがきが来た。宛先も文面も微妙に斜めになっているが、よしとしよう。「猫は元気か」「こっちは桜が咲いたぞ」「毎日暑いな」などたいして中身のないことが書かれていた。

しかし、だ。どんどん間が空くようになった。文字は異様に斜めになり、郵便局の人もよく読めたな、という梵字《ぼんじ》級の悪筆に。そのうち一切届かなくなった。

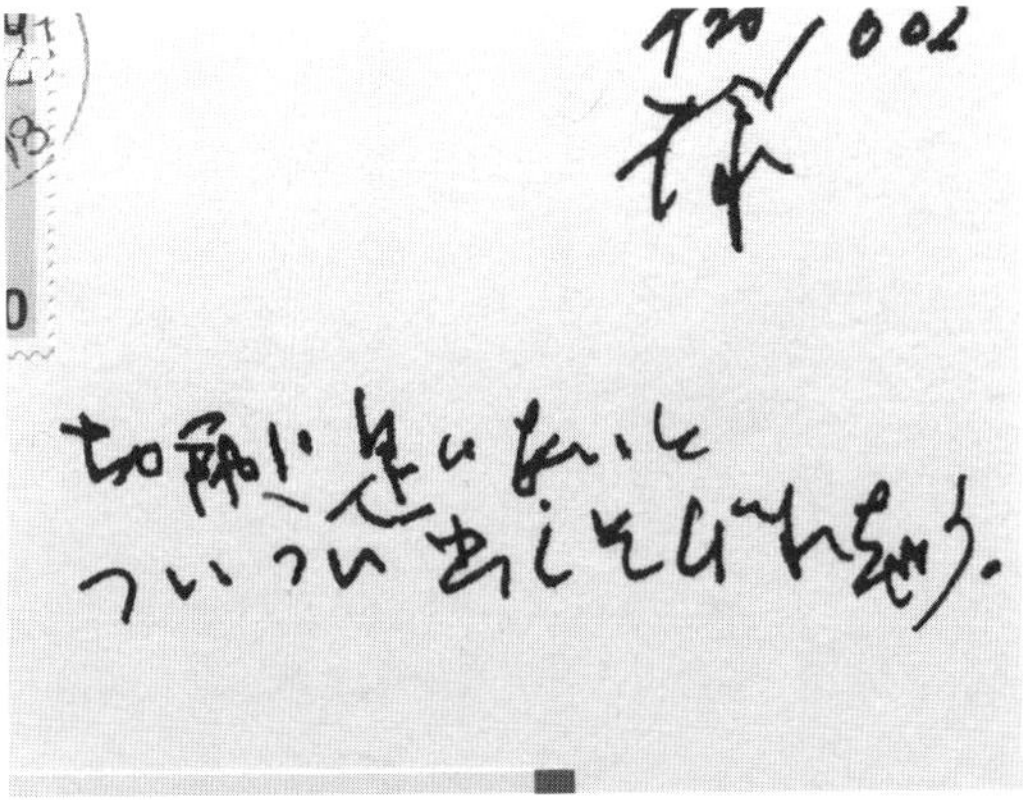
父からのはがき。文字が古文書並みに崩れ、初読では判読不能になってきた。「切手が足りないとついつい出しそびれちゃう。」と書いてある

後で聞いた話だが、後半、ポストに出しに行っていたのは母だったという。本末転倒！作戦失敗！　向田邦子に土下座して謝りたい。

そういえば、まだ父が元気に歩ける頃、門前仲町の深川不動尊で一緒に写経をしたことがある。般若心経が書かれたお手本の上に半紙を置いて、なぞるだけだ。意外と時間がかかるが、集中力が必要でボケ防止にはいいと聞いた。早速、写経セットを買って、父に渡したことがある。

父、結局1回もやらなかった……。

また、姉が「マンダラぬり絵」を父と母に渡したこともあった。色鉛筆で好きな色を塗るだ

け。色を塗りつぶすだけの作業だが、心が整い、癒やしの効果があるという。手先を使ってボケ防止にもなる。

父も母も、結局1回もやらなかった……。般若心経もマンダラも白紙のままである。

中学生のとき、担任教師から嫌みを言われたことを思い出した。あまり勉強しなかった私に対して、「馬に水を飲ませようとして、水辺に連れて行くことはできても、馬が飲もうとしなければ無駄だ」みたいなことを言われた。ことわざか何か知らんが、ものすごく馬鹿にされたような気になり、受験勉強を必死に頑張った。志望校を告げても「今のままでは小指しか届いてないから、ランクを下げたほうがいい」とまで言われた。悔しかったが、猛勉強して志望校に合格した。今思うと、あの教師、私の負けず嫌いを見抜いていたんだな。

要するに、やる気の問題である。

ボケ防止だの脳トレだのといろいろ手配しても、本人がその気にならなければ、やらないという話。下手にお金をかけてグッズを揃えても、ハマらなければホント無駄になる。

親が無気力になってからでは、遅いのだ。

もうひとつ、父の明らかな変化をかなり前から姉が指摘していたことを思い出した。とにかく食べ方が汚いのだ。手と口の連動がうまくいかないのか、食べこぼす率が増えた。姉は「人前でモノを食べさせないほうがいいレベル」と言っていた。

昔、向田邦子作品の『寺内貫太郎一家』（TBS）というテレビドラマで、おばあちゃん役を演じていた樹木希林《ききききりん》（当時は悠木千帆《ゆうきちほ》）がやたらと食べこぼしていたのを思い出す。孫役の西城秀樹《さいじょうひでき》が「きったねーな、ばあちゃん！」と毎回怒るのである。まさに、あれ。「きったねーな、まあちゃん！」だ。

もともと口元がゆるいというか、わりと食べこぼす人だなとは思っていたのだが、男性はみんなそんなもんかとたかをくくっていた。それにしたって、ひどい。もし外で食べていたら、スズメとカラスとアリが足元に集まるくらいの食べこぼし感、といったら伝わるだろうか。地球にやさしい食べ方。でも掃除をする母にはちっともやさしくない。舌打ち百万回である。

父、生活業務一切不能に

父と母は年金暮らしだ。父名義の口座から母が生活費を引き出す。一企業に長年勤めあげた父は、**厚生年金**と**企業年金**で、それなりの額を受け取っている。が、２０１６年3月に父は銀行のカードをなくし、印鑑の場所や暗証番号もわからなくなった。父を銀行に連れて行くも、らちが明かない。母はとうとうキレてしまったという。

「しっかりしてよ。どんどん頭おかしくなってるじゃない！」

と怒鳴った。すると父は、

「どーんどーんパァーンパーンどーんどーんパァーンパーンパーン♪」

と、ドンパン節を歌ったのだ。

もともと父は天邪鬼《あまのじゃく》というか、旅先の静寂かつ神聖な場所でわざと放屁するような困った男だった。でも家族を経済的な困窮に遭《あ》わせたことは一度もない。おそらく父はいつものようにふざけたのだ。

○×銀行
お客様専用
駐車場
正義様の
キャッシュカードの
暗証番号は
・・・
えーとね・・・
忘れた
お父さん
しっかり
してよ!!
・・・・・
どんどん
頭おかしく
なってるじゃない!!
どぉーんどぉーん
パァーンパーン
どーんパァーンパンパン♪
……
どーん
どーん
パパァーン♪

ところが、生活費をおろせなくなる恐怖と不安を抱えた母は、夫の不甲斐ない姿に愕然とした。怒りを通り越して泣けてきたという。母は車の中で号泣した。

認知機能が低下し、生活に支障をきたすのが認知症だ。銀行でお金をおろせなくなったのは明らかに支障である。姉から聞いた話では、高速道路で期限切れのクレジットカードを使おうとして渋滞を起こし、通行料金の値上げのせいだと狂ったように主張したこともあったという。姉は認知症専門医に見せたほうがいいと考えていたようだ。

でも、病院で認知症の検査は受けていない。検査にどれくらい意味があるのか、私にはわからない。認知症と診断されても、特効薬があるわけでもない。軽度認知障害なら薬で進行を止められると聞いたことはあった。ただ、父は降圧薬など5種類も服用中なので、これ以上薬漬けにしたくない。

今思うと、検査を受けさせるべきだったのか？ 世の中はそんなにきっちり線引きするものなのか？ 介護認定は早めに申請すべきだが、認知症と断定すべきかどうかはケースバイケースではないかと思う。

つまり、父は正式には認知症ではない。でも、**「自立不能な人」**であることを家族で認識して、共有した。それでいい。ちなみに預貯金は無事で、母がすべて管理することになった。

父、出かけたまま不法侵入

実は10年以上前に、私はある取材で「**成年後見人制度**」を知った。両親がボケて管理できなくなる前に、私が後見人になるという提案をしたところ、父は怒りで黙りこみ、母には「親を馬鹿にして！」とひどく叱られた。決して非情な提案ではなかったと思うんだけどなぁ。

さて。要支援1の父はリハビリデイサービスを続けてはいたものの、脚力が回復する兆しはまったくなかった。

そして、再び事件は起きた。

2016年夏。父の携帯電話から着信。出てみると、知らない男性の声。

「○○製作所のSと言います。実はうちの敷地内で座り込んでいて……」

と言う。父は倒れているのではなく、座り込んで動けない状態だというのだ。場所は父の自宅から徒歩5分の工場である。

電話を父に代わってもらい、「歩いて家に帰れ」と諭してもなんだか要領を得ない。Sさんに「敷地の外に追い出すか、タクシーに乗せるか、救急車を呼んでいただけますか?」とお願いするも、本人が大丈夫と言っている場合は救急車も来てくれないし、タクシーもつかまらない。話には応じるがまったく動かない父に、困り果てているという。

母の携帯にかけても、留守電で通じない。私が迎えに行くしかないのかと準備し始めたところで、母から電話が。

「お父さんが同期の友人と会うって言うから、私は買い物に行ってたの。でも家の前のバス停で降りられずに終点まで行っちゃって。帰り道に疲れて工場の前で動けなくなったの」

バス停で降りられなかったのは認知の問題ではなく、身体機能の衰えだ。動作が遅くて間に合わなかったのだろう。でも終点まで行ってしまった後、そこからまた乗って戻るとか、タクシーを拾うとか、普通なら考えるだろう。父は自分の脚力が弱っていることを認識できず、「歩いて帰る」という間違った選択をした。真夏に。ものすごい上り坂なのに。

結局母が迎えに向かったが、体力を回復した父は自分の足で戻ってきたという。

その後、母は工場に菓子折りを持って謝りに行った。

父の携帯には、母と家の番号を紙に書いて貼った。というのも、Sさんは私にかける前に、父の携帯の中から親族っぽい名前の人にかけたらしい。遠方に住む親戚から姉にまで電話がきたという。

それ以降、父の数少ない外出を制限するしかなかった。父の友人にも、母が電話で状況を伝えた。

「夫は認知症で、ひとりで帰宅できません。今後は伺えないと思います」と。

相手もすんなり納得。おそらく彼も、父の異変にうすうす気づいていたのだろう。

父、1年半で3階級昇格

私の夫は年1回、元日だけ私の父に会う。

夫いわく、「最初はコワモテだったけど、ここのところ表情がどんどん柔らかくなってきた」そうだ。

父は俳優の石橋蓮司《いしばしれんじ》に似ている。顔も頭髪も。テレビで蓮司を見るたびに、親近感を覚えていた。ただし、蓮司はセクシー、父はボケジーである。

認知症で表情が柔らかくなると聞いたことがある。「まあちゃん、笑って」と言うと、満面の笑みを見せるようになった。パブロフの犬化、成功。これには私の腹黒い魂胆がある。

今後、介護施設に入り、スタッフさんから愛されるには笑顔と感謝の気持ちが大切だからだ。さらに「ごめんね」と「ありがとう」をちゃんと口にすること。父の施設入居を想定し、笑顔と謝意の訓練をしておこうと、ひそかに考えていたわけだ。

しかしだ、昭和初期生まれの男どもは至れり尽くせりの妻に「ごめんね」「ありがとう」を一切言わない。突然言おうものなら妻たちは天変地異と驚く。

一度父が粗相したときに「ごめんね」と言ったようで、すっかりほだされる母。「生まれて初めてこの人の口から『ごめんね』を聞いたの」

だとさ。言っとくが「ごめんね」「ありがとう」は社会生活の基本中の基本ですよ。

さて、そんな父の状況だが、真夏の不法侵入事件を経て、ついに**介護認定の区分変更**を申請。調査員が家に来て、父の状態を判定してもらうことになった。

まず、3つの絵を見せる。えんぴつ、りんご、ねこ、みたいな簡単な絵だ。この3つを覚えておいてください、と言って、別の質問をふって1分ほど他の話をする。そこで、再び3つの絵のうち、ひとつを隠して見せる。「ここには何の絵がありましたか?」と聞く。たった1分前のことなのに、父は答えられなかった。マジか‼

約3週間後、なんと「要支援1」から「**要介護1**」に昇格。それでも1か。いよいよ介護の域である。地域包括支援センターを卒業し、また別のケアマネージャーとの付き合いが始まる。本当なら悲しむべきなのか、でもこれで受けられるサービスの幅が広がるから喜ぶべきか。ただし、区分が昇格すると、基本的な介護サービスに支払う金額もスライド式に上がる。それはつらい。もうなんだかわからなくなってきた。

情け容赦なく父の老化を綴ってきたが、まだ寝たきりではない。食事も全部たいらげるし、ダジャレも飛ばす。時に廃人、時に賢者。だからこそ厄介なのだ。

特に、一緒に暮らしている母にとっては、この廃人と賢者の割合が問題だった。トイレの場所がわからなくなり、冷蔵庫の扉を開けていたこともある。家の中で迷子になるほどボケてきた父だが、面白いことに英単語はよく出てくる。

ある日、実家で葛飾北斎《かつしかほくさい》の画集を観ていた私。

「あれ、菊って英語でなんていうんだっけ?」とつぶやいたら、それを聞いていた父がすかさず「クリサンテマム!」と答えたのだ。クイズ番組の参加者レベルで即答。以前、3つの絵のテストで驚異の忘却力を発揮していたのに。

ほかにも「猫を並べて、エサをあげていた作家って誰だっけ?」と母と話していたら、「ダイブツだよ」と、ぼそっと答える。あ、そうそう、大佛次郎《おさらぎじろう》だ‼ ヒントを出せるほど覚えてるんかーい！

そして、父はダジャレが得意だ。あれだけボケて、ウンコを垂れ流していても、ダジャレだけは繰り出す。特に、家族以外の他人がいるときは、ええかっこしいも手伝ってか、ダジャレを連発して笑わせたりもする。何も知らない人から見れば、

「お父さん、全然ボケてなんかいないじゃないの〜」

と思うかもしれない。この廃人と賢者の差が、実は家族を余計に苦しめるのである。

２０１６年１月に「要支援１」、同年８月に「要介護１」となり、その翌年８月には「**要介護２**」に昇格した父。

１年半で３階級特進。刑事ドラマなら殉職レベルの昇進である。順調な昇格というべきか、驚異のスピードというべきか。

噂によれば、区分変更もかなり厳しくなってきたという。介護が必要と認定すればするほど、介護施設や職員の不足が問題になるからだろうか。そう考えると、父の昇格はある意味、右肩上がりのエリートコースなのかもしれない。モノは言いようだな。

２０１６年末からはリハビリに加えて、**通所介護**のデイサービスも行けるようになった。以前、諦めた近所の老人福祉センターである。要介護になると、自宅送迎もつくのだ！

リハビリは男性スタッフが多いが、通所介護は女性スタッフが多い。父は女性が大好き

なので、通所介護のデイサービスを心から楽しんでいた様子。ここのデイサービスでは、ランチとおやつがつく。毎回違うモノを食べられるのが、父にとっては何よりも楽しみだったのだと思う。

レクリエーションも各種あり、折り紙で箱を作ったり、唱歌の歌詞を書き写したりと、さまざまなメニューが組まれている。正直、初めは「ずいぶんと幼稚なことをやらせるんだなぁ」と思ったが、思いのほか老人はこれらがうまくできない。案外一生懸命、そして楽しんでやっている。

1日、どんな様子だったか、何をどれくらい食べたか、レクリエーションは何をやったのか、スタッフさんの手書きのレポートも見せてもらえる。ここでも父はダジャレを連発していたようで、スタッフさんからもおおむね好評だったようだ。

母の鬱屈は「断捨離」へ

楽しそうなのは父だけだ。現状としては、ほぼ歩けず（歩かず）、外出は車椅子で移動、夜はポータブルトイレを使用。下剤に頼らないとお通じもない。デイサービスに行っている間は母も解放されるかと思いきや、帰ってくれば洗濯物も一気に増える。紙パンツは穿かせているのだが、デイサービスの間に必ずズボンと靴下を尿で汚して帰ってくるからだ。

夜間の尿を吸ったシーツの洗濯、通じない会話、巨体を洗って拭いての毎日。イライラと疲労はたまりにたまって鍾乳洞のようになっていた。

ごめん、そこは母に任せきりだったよ、私も。２０１７年はいろいろと新しい仕事も始まり、結構忙しかった。不妊治療の体験や、子供を産まない選択について書いた本『産まないことは「逃げ」ですか？』を刊行したのも、この年だった。自分の日記を見返しても、仕事と遊びのことで頭がいっぱいだった。父が老人福祉センターに行き始めたことで、一段落ついたなと思ってしまったのだ。

もちろん、母も母で、自分なりにストレス解消を実行していた。いつだったか、母から電話がかかってきて、ひとしきり父の排泄失敗などの惨状を怒濤の如く吐き出した。そして、

「あんまり腹が立ったもんだから、これから髪切りに行ってくるの！　今、自転車置き場！じゃあね！」

と切られた。一方的に話しまくって、一方的に電話を切るのはいつものことだ。

この頃、母は猛烈に断捨離《だんしゃり》を始めた。以前から、母の中で断捨離ブームは始まっていた。もともと片付けるというか、家具の位置を頻繁に変えて模様替えをするのが好きな人だ。不要なモノはフリーマーケットで売ったり、リサイクルショップに持ち込んだり、私や姉に押し付けてきたりで、モノの搬出はかなり激しいほうである。愚の骨頂と思うのは、その際に再び余計なモノを買うところではあるのだが。その発端はどうやら公民館で行われた無料の「断捨離セミナー」だったようだ。

普通のご家庭はわからないが、子供が使っていた教科書やランドセル、賞状やぬいぐるみや服などを捨てられずにいつまでもとっておく親が多いと聞いている。我が母は何かあるたびに（たぶん父への憤りが9割）、捨てまくる。おかげで、実家に私のモノはひとつもない。

私たちが幼い頃、父は写真を撮りまくり、子供の成長アルバムを作っていた。姉と私の分で120冊くらいあった。当時のアルバムは台紙にフィルムが張ってある粘着式のもので、ひとつひとつが異様に大きくて重い。ナカバヤシのフエルアルバムってやつだ。

母はこの大量のアルバムをずっと邪魔に思っていたようだ。ついに、手を付け始めた。台紙から写真をひっぺがし、姉の分と私の分にわけて、アルバム自体を処分したのである。

そのひっぺがし方がこれまた雑なので、写真の隅っこが破れたり、台紙の切れ端がくっついていたりする。数百枚もの写真をスーパーのビニール袋にぞんざいにつっこんで、突然渡されたのだ。

「あんたの分はこれ！」

母よ、あなたの辞書には「大切な思い出」という美しい言葉はないのか……。と一瞬思ったが、私にも母の血が流れている。模様替えもよくするし、不要なモノはガシガシ捨てる。だから、断捨離などの片付け指南本が売れに売れる意味がさっぱりわからない。

考えてみれば、１２０冊もの大きなアルバムは場所を取って、邪魔である。猛烈な勢いで始まった母の断捨離は、写真だけでなく、ビデオテープにも及んだ。昔、父が奮発して購入したソニーのベータカムで、私の部活や学校行事、旅行先や姉の結婚式などを録画したものだ。父は「捨てるな！」と怒ったようだが、母はとにかく捨てたくて仕方がない。私としては昔の映像に興味もあるので、いったん引き取った。専門業者に出して、ＤＶＤに落としてもらうことにした。

写真は父が自分で現像して、モノクロの紙焼きにしたもので、サイズもまちまち。案外デカい。当然のことだが、年別になど分けられてはいない。アルバムに収まっていたときは年代別で整理されていたのだが、母がひっぺがしたときにバラバラになったと思われる。父は几帳面なところもあったので、写真の裏に日付や場所を記した写真もある。しかし、ひっぺがしたときにその字が剝がれてしまった写真も多い。

父の当時の思いと、母が今抱えている思い。時空を超えて両親の思いを同時に味わうとは。なかなかに感慨深い。

そんなわけで、私の机の引き出しには、不揃いの白黒写真がたっぷりぐっちゃり放り込んであるし、業者に出してＤＶＤ化した昔のビデオも十数本ある。カビが生えたり、業者でもダビング不能のビデオテープはさすがに捨てた。

そういえば、最近観たドラマで「地球上の動物の中で、過去や未来にばかり気がいって、目の前のことをないがしろにするのは人間だけだ。他の動物は今を生きている」というセリフがあった。『柴公園』（テレビ神奈川ほかＵＨＦ局）という柴犬とオジサンのドラマである。

ああ、母は今を生きているのだなぁと改めて感心した。

母、限界を迎える

そんな母の鬱屈は２０１８年１月末、思わぬ形で爆発することになる。

ある日曜日、父と母が車で外出した。母が運転し、うどん屋へ行ったという。父も歩けそうだったので、車椅子を持っていかなかったらしい。もう、その時点で間違っている。

案の定、うどんを食べた後、父はどうにもこうにも動けなくなった。足が動かないのだ。日曜日のお昼時、家族連れで混雑するうどん屋で母は焦《あせ》った。自力で動こうとしない父にブチ切れながらも、無理やり歩かせて車に戻ったそうだ。

が、父は自宅の駐車場で車を降りた途端に転倒し、頭を強打した。この段階で母から電話をもらったのだが、私は非情にも「たんこぶができて腫《は》れてるなら、大丈夫じゃない？冷やしておけば」とあしらった。いつものことだと思ってしまった。

一方、姉は「頭打って、そのまま夜に死ぬ可能性もあるから、今すぐ病院へ行け！」と言ったようだ。母は慌てて救急車を呼び、病院へ。が、検査したものの異常はなかったので、タクシーで帰宅した。

ところが、マスクもせずに病院に長時間いたものだから、父はまんまとインフルエンザに感染してしまったのである。1月の病院なんて、インフルエンザも風邪も含めて、ありとあらゆるウイルスが蔓延している場所だというのに！　とはいえ、有事の際だったので、母の無知と無謀を責めても仕方ない。翌日、父は高熱で顔が真っ赤になり、手足も動かず、一瞬寝たきりの状態になってしまったのだ。

母は娘2人が力になってくれないとわかっていたので、ケアマネさんにＳＯＳの電話を入れた。このケアマネさんが本当に素晴らしい方で、家に駆けつけて、救急車を呼び、おまけにベランダの洗濯モノまで取り込んでくれたという。

おかげで、父は点滴を受けて、大事に至らずに済んだのだった。ケアマネさんの迅速な対応と尽力によって、父の熱はすぐに引いた。母はほとんど風邪をひかない人だったので、私もたかをくくっていた。

もっと正直に言えば、私が行ってインフルエンザをうつされるのもイヤだなと思っていた。その週はテレビ番組の打ち合わせと収録、友人宅での飲み会、埼玉でインタビュー取材、連載の締切2本に確定申告の準備など、いろいろと予定が詰まっていたからだ。とにかく母にマスクと手洗いを徹底しろと電話で冷たく伝えたのだった。

その2日後の夕方。母から電話がきた。弱りきった声で「もう絶望感しかないの」と、電話口で泣き出した。そこで母のインフルエンザ感染を知る。家庭内感染。

東京から千葉へタクシーをすっとばして実家へ。マスクとジュース、プリンやビタミンゼリー飲料などを買い込んで、夜10時前に到着。そこで見たのは、高熱で疲労困憊の母と、毛布をかけられて、床の上に転がっている父だった。かすかに小便の匂いもする。

よく見ると、父の首の周りにはどす黒い内出血がある。顎《あご》の下全体が本当に真っ黒になっていて、衝撃を受けた。介護に絶望した母が、渾身の力で父の首を思いっきり絞めたのかと思った。違った。

薬のおかげで熱は下がったものの、手足にまったく力が入らない父は転倒し、ベッドの手すりに顎を強くぶつけたのだ。床に転がった父を高熱で朦朧《もうろう》とした母は助けることもできず。老々介護の限界を目の当たりにした。本当はずっと前から限界だったのだ。

「ごめんよ、母……自分のことしか考えなかった娘を許してちょうだい」

なんて殊勝《しゅしょう》なことを言って涙を流すと思ったら大間違いだ。

これを機に、私は心の中で父の**施設入居**を決意した。誰が何と言おうと、施設に入れようと思った。このままでは母が苦しむだけだ。いや、十分な介護をされない父もかわいそうだ。私も自宅介護をする気はさらさらない。翌日は取材が入っていたため、ひとまず父をベッドに寝かせて、母を落ち着かせてから帰宅した。

母、崩壊する

その翌々日。再び実家へ様子を見に行く。母はまだ微熱があるようだが、父はすっかり熱も下がって元気になったという。1週間近く入浴していないから、ちょっと手伝ってほしいと言われた。

父は私が買って持って行ったおにぎりやら甘味を、もちゃもちゃと食いちらかしている。高熱で奪われたエネルギーを取り戻そうとしているかのごとく。ただ、足はまだおぼつかないようで、ふらふらしている。

おかしいというか、腹立たしいのだが、そのとき母はなぜか赤飯を炊いていた。

「え？　今、それ、必要？」

確かに赤飯は私の大好物ではあるが、インフル患者がメシ作って、こっちにうつったらどうすんのよ？　40後半の娘に対して、母性なんかいらないから！

母は母で、いろいろと買い込んで、駆けつけた私に「申し訳ない、何か御礼を」と思っていたようだ。余計な母性と気遣いにイラッとするも、ここ数日間の母の疲弊と絶望感を思えば、ぐっと飲み込むしかない。

その後、父を風呂に入れるも、案の定自力で立ち上がることはできない。母とふたりで七転八倒しつつ、なんとか父の体をさっぱりさせるミッションコンプリート。ホカホカしてスッキリした父。私もこれで家に帰れる。

その夜。帰宅した途端、母から再び電話が入る。トイレで大きな音がしたので行ってみると、壁と便器の間に父が挟まっていたという。便座に座ったものの、体重が妙なところにかかって、温水便座自体が便器から外れてしまったのだ。

10年近く使っていた温水便座は、経年劣化もあり、そろそろ取りかえ時だったのだろう。トイレでの父の様子を見ていると、まず便座に腰掛けるのだが、ちょうどいい位置に1回では座れない。毎回ズレて座る。

普通ならば、一度立ち上がってポジションを整えるだろう。しかし、脚力の弱った父はそれができない。というか、しようとしない。横着して、便座の上で尻を移動させる。そのせいで、常に便座はギシギシと音を立てる。度重なる父の体重移動を一身に受けてきた便座は見事に壊れた。その勢いで父も尻から落ちて、壁との間に挟まったのだ。

母は急いで業者に電話をかけ、新しい便座が明朝に届く手配をした。14万円かかるとのこと。父の体の状態を心配するよりも、金がかかることを忌々《いまいま》しそうに語る。

しかし、母の怒りの源はそこではなかった。挟まって自力で立ち上がろうとしない父を叱咤しつつようやく立ち上げ、ベッドまで連れて行った母。すると、急に父は難なくヒョイと立ち上がって、ポータブルトイレに座って排尿したのだという。

「インフルエンザはすっかり治っているし、自分でも立ち上がれるのに、なぜ甘えるのかと思うと、もう腹が立って腹が立って……」

電話口で怒りと悲しみと情けなさを訴える母。私は自分の決意を伝える。

「もう施設に入れることを視野に入れて、前向きに検討したほうがいい。あなたの今後の人生が、夫への恨みつらみで埋まってしまうよ」

母は電話口で泣き始めた。崩壊したと思った。母よ、もう頑張らなくていい。

父、老人ホームのショートステイへ

翌週、インフル騒動のときに助けてくれたケアマネさんに相談。彼女は父が要介護2になってからのお付き合いだ。私自身はこのとき初めて会ったのだが、頼りになる人だと思った。というのも、彼女はずっと父を見てくれていただけでなく、むしろ頑張りすぎる母を見て、ひそかに心配していたという。ああ、やはり看破《かんぱ》していたのだと思った。
ケアマネさんの訪問時には、面談という形で父も話すが、母も話す。おそらく母は
「夫はまだ大丈夫です。それに私がまだ健康ですから、何でもできますから」
と言い続けていたのだ。プロはそういうところも、ちゃんと見抜くんだよね。

まずは、介護認定の区分変更申請をお願いする。そして、ホームに入居させたいと伝えた。彼女もすでにリサーチ済みで、現状で可能な提案をもってきてくれた。

家から徒歩10分ほどの**特別養護老人ホーム**（以下「**特養**」とも表記）で、30日間までなら**ショートステイ**が可能だという。1泊3食おやつ付きで4000円。30日間で12万円だ（2割負担の金額）。

また、お隣の市に今春新設される特養があり、今申し込んでおけば入れる可能性もあるという。**多床室**（4人部屋）にまだ空きがある。新設の特養に入れるチャンスはなかなかないし、申し込んでおいて後で断ってもキャンセル料は発生しない。父は現状、要介護2だが、今回の件でおそらく1ランクアップするだろうと推測。**特養の入居は要介護3以上が条件**なので、エントリーだけでもしておいたらどうか、という提案だった。

母も私もホーム入居を前向きに、といっておきながら、実際の老人ホームがどんなものか、まったくわかっていなかった。まずは母の疲弊を癒やすためにも、30日間のショートステイで特養がどんなところか、見ておくことに。

このときの母は複雑な心境だったようだ。

ほぼ初めての体験である**独居の寂しさ**、**自分が陥る生活不安**、**介護ストレスからの解放感**、**施設に入れる罪悪感**。父への愛と憎しみが日替わりで交互に訪れる精神状態。私と姉は鬼と化し、施設入居を勧め続け、母も最後は納得した。

で、当の本人はというと、ショートステイを拒まなかった。おそらく、ショートステイの意味がよくわからなかったのだろう。デイサービスに行くのと同じような感覚だったのかもしれない。ただなんとなく、家族が頻繁に集まって嬉しいけれど、なにやら相談している。自分をどこかに追いやるのかもしれない、という漠然とした不安感は抱いていたに違いない。

時折、寂《さび》しさを言葉の端々に匂わせたものの、ショートステイする施設の迎えが来た朝のことは今でも忘れない。

「長らくお世話になりました、サヨウナラ」

と、父がおどけたのだ。そのときは私も「まあちゃん、何言ってんの!」と笑って返した。でも、その夜。父の言葉を思い出したとき、なぜか泣けてきた。

私、介護施設の現状を知る

その特養は、とても大きな施設だった。敷地内には同じ経営母体の障がい者の施設もあるし、デイサービスも受け入れている。スタッフの人数も、利用者の人数もかなり大規模だった。

頻繁にカラオケや体操などのレクリエーションを催し、利用者を飽きさせない優良施設でもある。地元でも評判は悪くない。職員もベテランが多く、優しくてケアが上手な外国人介護士もたくさんいた。

ただ、初めて訪れたときは、正直、衝撃を受けた。食堂に30人以上の老人たちが集っている。何をするでもない。ひとりでしゃべり倒す女性もいれば、目が虚《うつ》ろで、かろうじて呼吸している男性もいる。父と同室の男性は寝たきりで、常に口をもぐもぐと動かしている。落としても割れないポリカーボネイトの器に盛られた粗末な食事を見たときは「ムショメシかよ！」と心の中で叫んでしまった。

そして、記憶がよみがえった。実は、老人ホームを訪れたのは初めてではない。17年前の2002年に、私はホームヘルパー2級の資格を取得している。

当時は「職業訓練給付金」という制度があって、失業したときに次の職につくための学費を国が8割負担してくれるというシステムだった。現在もこの制度はあるが、給付金の金額も変わり、支給要件はかなり厳しくなっているのかもしれない。私は会社員をやめたときにこの制度を使って何か資格を取っておこうと思ったのだ。そこで、国家試験はないが、通学して3か月受講すれば取得できるホームヘルパー2級を選んだ。

介護の仕事を生業にしようとは考えていなかった。ただ、ライターとして「老人ホーム」に興味があったのだ。というのも、ノンフィクション作家の小林照幸《こばやしてるゆき》氏が書いた『熟年性革命報告』（文春新書）を読んで感銘を受けたからだ。

当時は介護認定が今ほど厳しくなく、老人ホームには元気なお年寄りがたくさんいて、老人同士の色恋沙汰や刃傷沙汰も起きている、という話が書いてあった。読んで興味を抱いた。人間は老いてなお恋をしてセックスをする、ということを確かめたかった。非常に不埒な動機だ。あの頃、私はセックスに関する記事を多く書いていて、その界隈の仕事も多かったからである。

その資格取得の最終過程で、真夏の特別養護老人ホームを訪れた。3日間の研修である。

初日はデイサービスに訪れる老人たちを迎え入れて、手足の爪を切ったり、ご飯を食べさせたり、というライトな任務だった。

2日目は入浴介助。次々に運ばれてくる老人の服を脱がせて、浴室で待ち構えているベテラン職員に引き渡し、入浴後のホカホカした老人に手早く服を着させる。汗だくで十数人の老人を着替えさせると、若かった私でも激しく疲労困憊した。

3日目は確か日曜日で、訪問する家族もちらほら。家族が来ないおばあちゃんは途端に機嫌が悪くなる。なんとなくその相手をした記憶がある。

本で読んだような色恋沙汰など皆無だった。それもそのはず、2000年に**介護保険制度**が誕生し、特別養護老人ホームの環境がガラリと変わったのだ。元気な年寄りではなく、介護が本当に必要な人が集まる場所となった。

あの頃の特養も、確かにこういう雰囲気だった。私が忘れていただけだ。目を逸《そ》らしていただけだ。でも、月額利用料が低め安定の特養はこういう世界なのかと再び愕然とした。もっとほかにいい施設があるのではないかと考えた。

実際、母も特養に対してあまり良い印象をもたなかったようだ。決してスタッフさんや施設に文句をつけているのではない。認知症が進んだ老人だらけの環境を目の当たりにして、父に対する同情が芽生えているのだ。

「お父さんはまだあそこまでひどくない……」

施設の空気を肌で感じる

すでに母が銀行口座の管理をしていたので、父の経済状況を把握するのは楽だった。通信販売やカード会社など、無駄に年会費をとられるものはすべて退会。父の収入額と預金に多少余裕があると踏んだ私は、ネットで検索しまくり、12軒の施設の資料請求をした。有料老人ホームや**サービス付き高齢者向け住宅（サ高住）**、**グループホーム**の資料である。施設の違いもまだあまりよくわかっていなかったのだが、なにはともあれ参考になるだろうと思ったのだ。

翌日から豪華なパンフレットが次々に届く。担当者から直接電話もかかってきた。大概は大手企業の施設である。

好立地に立派な建物、サービス内容も充実と美辞麗句の嵐だ。しかし、よく読むとオプション項目が多く、月額20万円超えは必至。地獄の沙汰だけでなく、現世の介護も金次第だ。「豪奢な施設にいる石原慎太郎はいったいいくら払ってるんだ！」と赤の他人と世を呪う。それでも百聞は一見に如かず。母の家から近い4軒の施設を見学することに。

実はこの段階で、ちょっとなら自分が金を出してもいい、とさえ思っていた。「月5万なら出せる」なんてことを考えていたのだ。

これは後述するが、明らかに間違いである。親の介護に子供が金を出してはいけない。絶対に。

老人ホームの実態を見慣れていない私は、特養の雰囲気に気圧《けお》された。でもそれは特養に限ったことではない、と見学して気づいた。

パンフレットで美辞麗句を並べる有料老人ホームでも、「この世の果て」みたいな施設はある。見学した中に1軒、入口に立った途端、冷気を感じて鳥肌が立つ施設があった。利用者の顔もことごとく暗くて怖い。まるで収容所の雰囲気だ。後で知ったが、そこは新興宗教が母体の企業が経営する施設だった。私の直感もたまには当たるんだなと思った。

もちろん、明るくて活気のある施設もあった。スタッフも利用者も、比較的笑顔の割合が多い。営業担当者も親身に話を聞いてくれて、こまめに電話で施設のシステムや空き状況を知らせてくれる。ここは交通の便もよく、私は一番気に入ったところでもあった。見学時に試食させてもらった食事もおいしかったし。一緒に見て回った母もまんざらではなさそうだ。

営業担当者も必死だった。「4月から料金改定で値上がりしてしまうので、今入居をお決めになったほうが現行の料金でイケますよ！」「ご希望の場所は満室ですが、新設した別の施設は今すぐに入れます！」と、なかなかにしつこかった。なんかインチキな不動産屋みたいだ。

後に、介護職の知人に聞いた話では、そこは「**離職率が高く、利用料値上げ**が頻繁すぎるワースト施設」で有名とのこと。入居者が亡くなるから空きが出るのだと勝手に思っていたが、利用料を払えずに退所する人も実際には多いのだ。入居時は払えても、度重なる利用料の値上げに音を上げる。特に、子供が親の介護代を負担していて、にっちもさっちもいかなくなるケースもあるそうだ。やはり子供は金を出しちゃいけない。今よりもさらに大変な時代となる**自分の老後**に蓄えておくべきである。

次第に、母も「そんなに急かすなんて胡散《うさん》臭いわね」と疑い始めた。また、最初から、ひとり厳しい意見をもっていたのが姉である。「経済的に不安なら、特養でいいと思う」と言い切っていたのだ。

このほかにも、認知症専門のグループホームやサ高住も見学したが、いずれも父には合わないと肌で感じた。

グループホームは認知症でも自立した人、身の回りのことがある程度できる人、特に女性に向いている。入居者は洗濯物を畳んだり、食事の準備をしたりと、できることは任せられるという。父のように、家事を一切しない・したことがない人は厳しい。その施設長の女性にも父の体の状態を話したが、「お父様のような方はちょっと難しいかもしれませんね。うちは機械浴もないので……」とやんわりとお断りに近い返事をいただいた。

サ高住は、さらに自立している人でなければ無理な施設だ。介護スタッフが常駐というが、常に見守っているわけではない。普通のマンション住人と管理人の関係のようなものだ。言わなければ歯も磨かない、ひとりで風呂も入れない、トイレすらおぼつかない父は、生きていけない。素敵インテリアに広めの個室ではあるが、言ってしまえばただの豪華なマンション。金額も月25万以上はかかってしまう。オプションを入れたらもっとかさむ。

たった4軒の見学でも肌で感じるものがある。見えてくるものもあった。

なんといっても**経済的な壁**だ（次ページ「**表2**」を参照ください）。

サ高住や有料老人ホームでは、月額最低でも20万円以上かかる。ただし、初めに入居金を払うとその額に応じて、月額利用料が安くなるシステムもある。

例えば、300万円払えば月額が18万円に、600万円払えば月額が13万円に、1000万円払えば月額は10万円に、といった形だ。年金収入額は少なくても、貯金だけはある

表2 有料老人ホームと特別養護老人ホームの違い（あくまでも潮の感覚です）

	有料老人ホーム	特別養護老人ホーム
運営	民間企業がメイン	地方公共団体や社会福祉法人
入居できる人	元気な60歳以上から要介護5まで	要介護3以上
部屋	基本は個室（ワンルームマンションのような感じ）	多床室（2人部屋・4人部屋）などがメイン一時期、個室ユニット（個室10部屋が1ユニット、スタッフは1〜2名）も増えた
月額利用料	少なくとも20万円以上。10万円台はほぼない。ただし、入居金として数百万円を先に納めて、月額利用料を低く抑えるシステムもあるが、それでも月額は10万以上かかる。もし入居後に亡くなったり、入院して退居する場合は、入居金が日割りで返金されるらしいが、トラブルも多いと聞いたことがある	月額12万〜20万円 ※負担割合や部屋のタイプ、要介護度によって異なるが、20万を超えることはほぼない
利用料値上げ	不定期にある。月額が万単位で上がったり、値上げの頻度がやたらと高い施設もあるようなので注意。 万単位の値上げは相当厳しい。本当に経済的に余裕がある人でないと対応しきれず、音を上げる	ほとんどない。あっても、公的な制度の変更などによるもので、数十円〜数百円という単位。※実際にあった。機能訓練サービスの単価が上がり、1回につき数十円
利用料以外のオプション	有料のサービス（掃除・洗濯・買い物代行）もある。「紙パンツ代は別途」「光熱費別」というところもあり、事前に確認が必要。オプションをつけていくと案外高くなってしまうシステムも	ティッシュなど必要品が不足したときに買い足した分などは利用料とともに支払う。 紙パンツやパッドは無料。美容師のヘアカットなどは別途。でも市場価格よりは安価
食事	豊富なメニュー、豪華な食材にバラエティ豊かな惣菜、おやつもあり。皿や食器もそれなりのものを使うところも。食事の豪華さを売りにする施設もあるが、その分当然お値段も高くなる。ただし、ムショのメシみたいな粗末な食事の施設もあるので、要注意	基本的な栄養を満たす食事で、決して豪華ではないが、おやつはある。施設にもよるが、作り立ての温かい食事を出してくれるところや、食器は自分の好きなものを使えるところもある。おかずの品数は少なめ。大食漢にはちょっと物足りないかもしれない
スタッフの数	施設にもよるが、入居者3〜5人に対して1人以上、などの基準があるらしい。特養よりは多く、手厚い印象はある。看護師常駐のところも多い	入居者10人に対して1〜2人くらいの体制。昼と夜では異なる。看護師は常駐
入浴	有料で入浴回数を増やすこともできる。初めの契約時にケアマネと相談して決めるらしい。機械浴など最新の設備を揃えたところも	週2回
レクリエーション・イベント	元気な人や要支援の人もいるので、レクリエーションの種類も豊富。体操にカラオケ、囲碁将棋から編み物、陶芸、書道まで趣味のサークル感覚で参加できるものもあるらしい。有料のものもある	施設によるが、基本的には低予算かつ大人数で行えるものがメイン。カラオケや体操はある。ボランティアの方による演奏会や文化祭などのイベントもある
立地	駅から近かったり、便利な場所にある施設が多い	基本的に交通の便が悪いところが多い
入居待ち	新設の施設は大々的に入居者募集をしているので、見つけやすく入りやすい。大企業運営の場合は広告活動も営業活動も激しい	空きも少なく、なかなか入れずに数年待つケースも。住んでいた場所から離れたところに入居する人も多い
向き・不向き	経済的に余裕がある人。貯金が少なくとも1000万円以上あって、収入も高い人はぜひ。社交的な人、おしゃれや趣味にこだわりのある人、気位の高い人、食事を楽しみにしている人に向いている。家族が頻繁に訪れるなら、好立地の施設がベスト	施設や職員に過剰な期待をすることなく、入れるだけでありがたいと思うことができる家族に向いている。年金収入はあるものの、長い目で見ると経済的な不安を抱えている場合は特養がベスト

人、あるいは家を売却してお金を用意できる人には、このシステムがあるという。

最初にこのシステムを聞いたときは感心したし、父にもチャンスがあるかも、と思った。が、父は病気を患《わずら》っているわけではないし、そう簡単には死なないはず。5年、10年、下手したら20年は生きると考えると、どうだろう。貯金をはたいて父を有料老人ホームに入れたとしても、さらに長生きするであろう母の暮らしは不安しかなくなってしまう。

父の年金の話

ざっくりぶっちゃけると、父の年金収入額は企業年金と厚生年金で、月に約23万円ある。月額20万のホームなら入れる、と思うかもしれない。

ただし、父を高額な施設に入れれば、母の生活が苦しくなる。母自身は国民年金のみで月6万に満たない収入だ。父の年金からホーム代を除いた残りと、母の年金で暮らしていかなければいけない。家のローンは退職金で完済してあるので家賃支払いはないが、約3万円の管理費・修繕積立金は毎月支払っている。その他、生活費や税金、保険などの支払いもある。母の月額生活費が10万円以下というのは、決して安心できる金額ではない。

特養は、２割負担の父の場合、月額14～15万円（多床室）と安めだが、要介護３以上でないと入れないし、何年も入居待ちしている人も多いと聞く（このとき、父はまだ要介護２だった）。

要するに、月額20万以上の壁は越えられなかった。母が心穏やかな老後を過ごせるように、と考えると、やはり特養がベストな選択肢だと悟る。

「２割負担ってなんのこと？」

と思う方もいるだろう。簡単に解説しておく。

介護保険の利用者負担割合のことで、年金収入等の金額によって、負担する割合が増えるという仕組みだ。**１年の収入が２８０万未満の人は「１割負担」**、つまり１割の金額で各種のサービスを受けられる。**２８０万円以上の人は「２割負担」**、そして２０１８年８月からは、**３４０万以上の人は「３割負担」**という枠ができた。

この枠組みで言うと、父は2割負担なのだ。たとえば1万円の介護サービスなら、父は２０００円で受けることができる。１割負担の人は１０００円だ。

また、要介護度が上がるごとに、もろもろの金額設定は高くなる。年収スライド方式や要介護度に見合うサービスが高くなるのは当たり前の話ではあるが、１割２割といってもあなどってはいけない金額でもある。

決してきれいごとは書かない。施設選びは、

「**一に金、二にスタッフ**（ソフト）、**三に設備や立地**（ハード）」

だ。入居してみないと見えないことも多い。多いというか、見えないことだらけだ。しかもスタッフなんて、かなり流動的。介護施設が常に職員を募集しているのを見れば、入れ替わりの激しさも推して知るべし。

ホームはある意味、**賭け**でもある。ベストな場所を選びたいと家族なら誰でも思うが、運と縁が大きいことも確かだ。

「うちは年金収入も少なくて無理だわ」

と思う方もいるかもしれない。が、**特養には1割負担の人もたくさんいる**。有料老人ホームは無理だが、特養ならば決して入れないわけではない。デイサービスやショートステイをうまく組み合わせて利用する手もある。要は、自分の親がどんな介護サービスが受けられるか、**情報を得ること**だ。

子供の責務としては、ケアマネさんとタッグを組んで、情報を得ること。

親の介護に**手は出さず**（何も自らが介護しなくてもいい）、**金も出さずに**（親の収入の範囲内で）、**口を出す**（情報を得て最適な形を決める）。これに尽きる。

父、持っている！

　さて、父がショートステイに入っている間、とりあえずエントリーしてもらった特養はどうなったか。事前に母と見学したが、とにかくきれい。入所者がまだいないから当然だ。担当者はこのうえなく明るい人だった。そこは救いだった。重苦しい人だったら、逆に不安になるし。

　さらに、ひとり入居予定者が入院することになり、ユニットの個室に1部屋空きが出るかもしれないことが判明した。もちろん、金額は上がる。多床室の場合は月額14～15万、ユニット個室の場合は17～18万。ただし、そう簡単に値上がりすることはない。低め安定だ。有料老人ホームの高額かつ右肩上がりの料金体系を知った後で、やはり**特養は魅力的**だった。入れるものなら入りたい。

　ずっと父を担当してくれていたケアマネさん、ショートステイしている特養のケアマネさん、そして新しくできる特養の施設長の尽力のおかげで、父は無事に「**要介護4**」となった。またしても2階級特進。つまり、特養に入る条件を満たし、晴れて新設の特養に入れることになったのだ。サッカーの本田圭佑や野球のイチローじゃないけれど、

「まあちゃん、持ってるな！」

と思った。幸運としか思えない。

今思えば、ケアマネさんに恵まれていたなぁと思う。ケアマネさんが近隣の施設の状況を詳しく知り、情報ツウでなければ、こうはならなかったのではないか。新設特養の入居者募集の情報も、評判の悪い施設情報も、入手できるかどうかはケアマネさんの腕次第。利用者の性質や家族の状況を把握し、各施設の人と情報を共有し、適材適所で介護体制を整えてくれる。感謝してもしきれない。

そんなこんなで怒濤《どとう》の如く動いている間にも、母はほぼ毎日ショートステイ先の父のもとを訪れていた。徒歩10分の場所にあったので、母も多少は楽だったと思う。

ただし、わけのわからないところに放り込まれた父は、最初は病院だと思っていたようだ。様子がだんだんとわかってきた3週目くらいから、母に愚痴《ぐち》り始めた。愛嬌のある言葉で寂しさを訴える父。母に甘えているのがよくわかる。

母は毎日訪問し、甘いものを差し入れしたり、施設内の平行棒があるところで歩くリハビリをさせたりしていた。夕方に帰ろうとすると、父は「早く逃げ帰るのね」「ほったら

かされるのね」とつぶやく。「明日また来るね」と声をかけて帰っても、翌日には開口一番、「昨日はなんで黙って帰ったんだ？　気づいたらいなかった！」と怒っているという。

その程度ならまだいいのだが、時には「家に帰りたい」「こんなところにいたくない」と切実に訴えたり、「俺が死ぬのを待っているのか！」「お前が楽をしたいだけだ！」と母を詰《なじ》ることもあった。怒鳴りつけることもあったという。この父の言葉の連打は、じわじわと母を苦しめていた。

新設の特養入所まではまだ1か月弱あった。その間、ずっとショートステイを継続するつもりだった。ところが、母がある決断を告げた。

「入所までの間、しばらく家にいさせてあげたい」

母は突如独り暮らしになり、猛烈に寂しくなったこともあるのだろう。ただ、ショートステイ先で父が「家に帰りたい」とぼやき続けたのが堪《こた》えたようだ。

娘には決して見せない、父の負の感情はすべて母にぶつけられた。母が罪悪感を募らせた結果、入所までの16日間、父は自宅で過ごすことになったのだ。

入所前の16日間戦争　①事務手続き編

その間、事務的な手続きも同時進行。まず入所前に、健康診断を受け、医師の診断書も必要だ。入所後は**施設の提携医**が診ることになるので、過去の状態の経緯や常用薬の情報などを提供してもらわなければいけない。父のかかりつけが無愛想かつ仕事が遅い開業医で、腹立つこともあったが、そこはぐっと我慢。排尿の失敗が多いため、前立腺を検査する病院へも連れて行った（これらをすべて母がひとりでこなした）。

本来なら、入所前に肺炎球菌ワクチンの予防接種も済ませておかなければいけなかった。公費助成があり、年齢によっては２０００円で受けられるのだが、父は一切無視していた。自治体の広報紙やお知らせの封書をちゃんと見とけ、という教訓である。猶予期間があったので、ギリギリ間に合った。自費だと約８０００円もかかるらしいよ！

今後の医療は施設が主体となり、必要なときにその都度適切な処置を行うことになる。一瞬「知らぬ間に医療費がかさむなんてことにならないか」と不安になるが、入所時にサインする**膨大な量の契約書**を見て腑に落ちた。

要は、施設に入れるということは、父の命を預けることだ。いつ死んでもおかしくない老人を24時間・365日預かるわけだから、家族もある程度の覚悟と諦めが必要なのだ。

契約書に並ぶ文言を見たとき、急に「父が死に近づいている」ことを自覚させられた。

ここで、契約書の中身を少しだけ紹介しておこう。

急変時における延命などに関する意思確認書（蘇生処置をするか否か）**のほか、生命維持が困難になってきた場合の医療処置、食事を経口摂取できなくなった場合、管で栄養を通すIVH**（中心静脈栄養）**や末梢点滴、経鼻経管栄養、胃ろう造設を問う書類。**

また、**転倒時のケガなど予測不能な事故に関して、施設は責任を負わない・訴訟もしないという念書**もあった。

努めて冷静にサインしようと心がけた。以前、姉とは「胃ろうはやめよう」と話してはいたのだが、いざ父の命の選択肢をその場で迫られると、頭の奥が痺れて熱くなった。

母が余計な同情を募らせて入所をとりやめるなどと言わないよう、私は極力ドライな姿勢を装う。本当は、父の死を強制的に妄想させられて、脳内はひどく混乱していたのだが。

冷徹に淡々と施設入所を選択しても、こういう細かい感情の揺さぶりは多々起こる。世の中なんでもスッパリ快諾・解決なんて、本当はウソだ。人は弱い。

一方、父はというと、自宅に戻ってびっくりするほど明るくなっていた。一度電話をかけたときは、驚くほど声が大きくて、以前の父に戻ったかのようだった。

会いに行ってみると、目を開けている時間が長い。前は気がつくとうつらうつらし、目を閉じている時間が長かったのに。世界から、社会から、遠く離れてしまっていたのに。ショートステイでよっぽど寂しかったのだろうと思った。

実際には、母が日々糞尿の世話で疲弊し続けていた。

私も数時間、父とふたりきりで過ごすことがあったのだが、「トイレに連れていき、紙パンツとズボンをおろして排尿させて、再び穿かせて、リビングに戻って座らせる」という行為を8回やった。ほんの数時間の間でこれだ。前立腺肥大もあって、コントロールが難しいようだ。尿意を感じてトイレに向かう途中に漏れてしまうか、あるいは紙パンツを脱がせた瞬間にたらたらっと出てしまう。ところが、便座に座らせて落ち着くと、今度はなかなか出てこない。

本人も尿意と闘い続けるのは気の毒だなあと思ったが、これを24時間365日介助する、さらに漏らした跡を毎度掃除する、と考えるとぞっとする。

短期間ならいいかもしれないが、いつまで続くのかもわからないと思うと、絶望感を抱くのも当然だ。

文句を言っても仕方がない。昔話で記憶を掘り起こそうと、さまざまな質問を投げかける。覚えていることはスラスラと出てくるが、たいていの質問には
「そんな昔のことは忘れちまったよ」

とごまかす。

「春から新しい特養に入るんだよ」

という話は父にもした。だが、父はそもそも特養を理解していない。「入院」という言葉を使うので、リハビリの病院と思っているフシがある。自分は少し弱っているが、まだ**健常な社会人**（60歳想定）という意識もあるようだ。

それを物語る事件が起きた。

朝刊で知人の訃報をうっかり読んでしまった父が「葬儀に行く！」と暴れ始めたのだ。ヨチヨチと歩き、たんすから白のＹシャツを引っ張り出し、息切れしながら喪服を出せと怒鳴る。

「俺が行かなきゃダメなんだ！」

と主張するが、歩くのも困難、尿意も制御できず、紙パンツの許容量を超えて漏れることもしばしば。そんな状態で、遠方の会場の葬儀にどうやって出席するというのか。

そもそも知人といっても、特別に親しかったわけではない。かなり昔の同僚で、あちらは出世に出世を重ねて、新聞の訃報欄に名前が載るクラスの人だ。20年以上会っていないし、ご家族と懇意にしていたわけでもない。それでも父は言い張る。

「俺はあいつの子供もディズニーランドに連れて行ってやったし、あいつの父親にも会ったことがあるんだ！」

ええと、それっていつの話ですかねぇ……。つまり、父の記憶は昔ほど濃厚なのだ。この20〜30年がすっぽりさっぱり抜けちゃっているのである。

車椅子で連れていけ、とは言わない。バスと電車に乗ってひとりで行くと言い張り、大興奮状態（といってもズボンを自力では穿けない）。たまりかねた母から、ＳＯＳの電話がかかってきたのだ。

入所前の16日間戦争　②覚悟と諦観編

仕方なく実家へ飛んでいく。問題は父の認知症ではなく、母の対処でもある。いつまでも興奮冷めやらぬ父に対して、苛立ちを募らせた母は暴言で応酬していたのだ。
母の名誉のために書いておく。母は空気をちゃんと読むことができる、まっとうな常識人だ。思想は左巻きだが、上から目線で人を罵倒したり、差別用語で人を蔑むことは決してしない人である。ところが、喧嘩というのは売り言葉に買い言葉。その様子を目の前でライブで観るハメに。止めてもしょうがない。しばし静観することにした。

父「お前は俺を不具者扱いするのか！」
母「不具者がそんな会場に行ったら迷惑かけるに決まってるじゃない！」

と返す。さらに
「不具者を外に出したら家族が訴えられるんだから！　そういう事件もあったでしょ！」とまくしたてる母。「外に出ようもんなら、あんたを殺すからね！　包丁つきつけて全力で阻止するから！」。すると、父は
「やれるもんならやってみろ！　俺は行く！」
と言う。しかし、萎えた下半身を動かす気配は、ない。
そもそもひとりで歩けない父が葬儀に参列できるわけがない。口先だけで、認知症だか

ら明日には忘れてしまう。うんうん、と受け流せばいいものを、母は真正面で受けとめ、売り言葉に買い言葉を展開しちゃったのだ。

というのも、この数日間の介護疲労がたまっていたからである。夜中に何度も起きてトイレに行く父を介助し、朝は尿で汚れた衣類と寝具とポータブルトイレを洗い、3度の食事を作り、風呂に入れて体を洗って、着替えさせる。

さらには、特養入所時に持ち込む生活用品を揃え、衣類に名札を縫い付け……。もし私だったら酒でも飲まないとやってられないと思う。

母は悪くない。暴言には驚愕したが、ストレスをためない「認知症との付き合い方」を心得ればいいだけの話。今、流行のアンガーマネージメントにも近いものがある。

私は私で、改めて「**在宅介護の弊害**」を強く感じた。本来は穏やかな人に暴言を吐かせてしまう。巷でよく報道される**老々介護**の末の殺人事件も、この延長線上にあるのだと思った。決して他人事ではない。それが介護疲労の悲しい現実なのだ。

とりあえず、父の目の前で弔電を打ってなだめる。漆盆つきで8000円なり（高ッ！）。父はしばらく興奮状態だったが、さすがに娘がわざわざ東京から来て、弔電を打ったことで冷静になってくれたようだ。

父の16日間自宅ステイは、母に「在宅介護は無理」という諦観をもたらした。罪悪感を払拭し、覚悟を決めたように見えたのだが、これ、実は根がとても深い問題だったので、のちほど触れることにする。

入所後の父「3か月が勝負」

2018年3月末。ようやく父が特養に入所した。新築なので、どことなく建材のニオイも残っている。でも糞尿のニオイよりはましだ。入所者もまだ揃わず、施設内に活気はない。介護士はいるものの、体制もまだ完璧ではないようだ。

初めの頃、「部屋の掃除も行き届いていないなぁ……」なんて、めざとい小姑のように思っていたのだが、実は違っていた。なんと父が汚していたのだ！

部屋にポータブルトイレを置いているのだが、なぜかトイレットペーパーやティッシュがちぎられ、山のように積んである。紙縒《こよ》りを細かくちぎったようなゴミは、部屋の床に無数に散っている。清掃員はちゃんと掃除してくれていたのだが、父自身が汚していたことが判明した。

謎の行動はまだある。携帯ラジオのイヤホンコードが1センチ幅に切り刻まれ、ベッドの上に無残に散っていた。なんなの、このちぎり癖は？　施設にいることを理解できず、心の叫びを表現してみた新種のアートなのか？　引き出しにハサミを置いていたのがまずかった。そしてこれは凶器にもなりうると気づき、持ち帰った。

もちろん父に理由を聞いてもわからない。目くじら立てても仕方ない。掃除すれば済む話だ。心は広く、部屋は清潔に。クイックルワイパーを部屋に備えつけることにした。

母は2～3日に1度、私は10日に2度の割合で施設を訪れる。最初は、父が慣れるまで頻繁に行こうと決めた。

母の友人から聞いた話では「**施設入居は3か月が勝負**」だそう。3か月いれば、そこが家だと思うようになる、それまでの辛抱だという。心強い。

ただし、ちょっと不便な場所にあるのがネックだ。母は自転車とバスで通うが、バスの本数が少なく、時間通りに来ない赤字路線である。バス停で40分待ったこともある。これが母の気持ちを削いでしまう。

私は電車とバスで片道1時間半。自分が生まれ育った地なので、ちょっと郷愁・旅気分。確かに面倒臭いが、そんなに苦ではない。

施設に行って何をするかというと、歩行訓練と手足のマッサージ、ひげ剃りや歯磨きのケア、トイレ介助に紙パンツ交換。差し入れの果物や甘味を食べさせることもある。新聞や雑誌も持参するが、父が記事の内容を把握できているかどうかは微妙だ。

それでも新聞を持っていくと、喜んで開く。父の目線を追ってみると、記事を読んでいるというよりは、見出しの文字を確認して、読める字を探しているようなフシもある。

私が連載しているコラム記事を見せても、中身はわからないようだ。ちょっと残念。

入所後の壁　①入居者との相性

特養に入所できる条件は、要介護3以上だ。父は要介護4で、「**排泄や入浴などの日常生活全般に全面的な介助が必要**」。唯一、食事だけは介助不要。箸を使えるし、出された食事はいつも完食。食事は施設内で作られるので、できたてホカホカだ。自宅から持参した陶漆器を使えるし、悲惨なムショメシではない。毎日おやつもついている。

ただし、**空間認識能力が低い**ため、とにかく服や床に食べこぼす。食堂の床は父が座る席の下だけ、食べ物がこびりついている。母も私も、行ったら必ず拭くようにしている。

入所してすぐに転倒も経験。尻餅程度でケガもなかったが、私たちが知らないところで頻繁に転んでいるようだ。しかも結構豪快に。「(父は)体が大きいから転ぶと怖いのよね、巻き込まれそうで」と入居女性から言われたこともある。

彼女は身体的な介助は必要だが、認知症はない。テレビを観て政治談義ができるくらい聡明で、毎朝新聞も読んでいる。父にも時折話しかけてくれている。私も母も、おそらく父も、彼女のことは好きだ。

その一方で、大変な人もいる。認知症で徘徊が激しい人だ。ずっと歩き回るだけでなく、人の部屋に侵入して物を持ち出したり、失禁や脱糞をしてしまう。汚れた手で触りながら歩き回るため、入居者からは大顰蹙《ひんしゅく》。その蛮行にストレスをためる人もいて、時折職員やその人の家族に不満がぶつけられる場面にも遭遇した。

その人は父の部屋にも頻繁に来訪。ハサミや電気シェーバーが紛失したことも。返ってきたから問題ない。が、「夜中に誰かが入ってきて眠れないんだよ」と、父もぼやいていた。ものすごく些細なことかもしれないが、入居者同士のトラブルは想定外だった。背景が異なる人の共同生活だから、諍《いさか》いも当然起こる。

心の中では映画『ガーディアンズ・オブ・ギャラクシー：リミックス』と思うようにした。毒舌のアライグマもいれば、怒ると怖い木もいる。烏合の衆といったら失礼だが、十人十色。病気も老化も個性と受けとめるしかない。

また、忘れちゃいけないことがひとつ。父が不快だろうなと**心配しすぎるのもよろしくない**。実は、案外、視界に入っていなかったりもするからだ。ユニットには10名の入居者がいるが、父が把握しているのはほんの数人。つまり、ストレスになる以前に認識していない可能性もおおいにある。

施設の対応に文句をつける家族も多く、トラブルの原因になると聞く。でも、当の本人は認知症でそんなに理解していなかったりもする。24時間３６５日いる入居者がさほど気にしていないのに、たまにしか来ない家族が神経質になってイチャモンつけるケースもあるのではないか。

介護施設の職員が入居者を虐待したり、金を盗んだりといった事件は、大々的に報道されることが多い。逆に、職員が入居者の暴力で大怪我をしたり、精神的なダメージを負わされている事実は、報道されにくい。というか、されない。

施設に通ってみて、思うことがある。**多くの施設はきっちりしている**。スタッフも身を粉にして働いている。ごく少数の悪徳介護業者やクレーマーに近い家族がいると、事件として取り上げられて、大声で拡散されてしまう。印象操作の恐ろしさ、である。

父はいいケアマネに恵まれて、いい施設に入ることができた。まずはその幸運を噛《か》みしめるべきだ。

入所後の悩み　②母の罪悪感、再び

入所して1か月。多床室のほうも続々と埋まり、施設内は一気に人口が増えた。呼吸する管を通しているため、びっくりするほど大きな濁音を発し続ける人もいれば、徘徊して施設内パトロールしている人もいる。玄関は中から外へ容易に出られない仕組みなのだが、業者が開けた隙を見て外へ脱走する人もいれば、大声で家族に対する愚痴を言いまくって過ごす人もいる。

そんな折、母のあの病が再発した。「**お父さんがかわいそう病**」である。父は要介護4といっても、他の入居者に比べれば軽症に見える。特養にはかなり要介護度が進んだ入居者も多いので、比べてしまうと父が健康で問題がない普通の人に見えるのだろう。

「家に帰りたい」

「こんなところに閉じ込められた俺の気持ちがわかるか?」

父は母に対してのみ、感情剝きだしになって愚痴をこぼすので、母の中で再び罪悪感が鎌首をもたげてきたのだ。

母はほぼ毎日電話をかけてきて、「死を待つだけの施設なんて、お父さんにはまだ早いんじゃないかしら。ショートステイとデイサービスをうまく組み合わせれば、自宅でも大丈夫だと思うの」と話す。

いやいやあの「戦慄のインフルエンザ家庭内感染」や「地獄の16日間戦争」をもう忘れちゃったの？　母も認知症が始まったかと思うほど、しつこい。

おまけに、施設のケアマネージャーにも相談したいと言う。多忙な人を捕まえて無意味な相談をしようなんざ愚の骨頂。気分は『サンデーモーニング』（TBS）の御意見番・張《はり》本勲《もといさお》の「喝《かつ》！」だ。

「今のまあちゃんは約3割がまともだけど、残りの7割は認知症患者なんだよ。認知症は今後どんどん進んで、まともなまあちゃんの割合は減るんだよ？」

しかし、感情的になっている母にはまったく響かず。翌日、ケアマネさんにわざわざ時間をもらうことになった。ケアマネさんは穏やかな口調で説得してくれた。

「要介護度4で在宅介護は現実的にかなり厳しいです。ご家族にお伝えしていませんでしたが、夜中に排泄の失敗も多いです。今、特養を退所してしまうと、その後、何年も入所できなくなると思いますよ」

　すると、驚くほどあっけなく納得する母。私も同様の話をさんざんしたというのに！　舌打ち百万回である。

　母のような昭和初期生まれの世代の人は、医者だの弁護士だの教員だの、国家資格取得者になぜか弱い。センセイと呼ばれる人には敬意を払うのが当然と思っている。また、プロフェッショナル、専門職の人のひと言にもすぐなびく。

　ま、ケアマネさんのおかげで、母の病はすんなりというか、あっけなく収まったのだから、感謝の気持ちしかない。ケアマネさんも母の発作を理解してくれているようで、いやな顔ひとつせず協力してくれた。ホント、ありがとうございます。

私の中の罪悪感

　介護のプロ・ケアマネージャーの説得で、あっけなく在宅介護を諦めた母。その日の夜、叔母（母の妹）に電話をしている様子を見ていて、私は戦慄を覚えた。

「今はまともなお父さんが3割で、今後もっと減るって、ケアマネさんが話してくれてね」

嗚呼、母よ、それは私が言ったんだけどな。父の介護問題は、実は「母の老化」を確認できるバロメーターでもあると気がついた。ま、諦めてくれてよかったよ。

実はもうひとつ、極めつけの秘策がある。

私も母も日記をつけている。私は5年日記、母は10年日記である。1ページに5年分、10年分書き込めるので、後で見返すと毎年同じ日に何をしていたかがわかる。「2年前も去年も同じことをしてたんだなぁ、人間って変わらないもんだなぁ」と諦めもついたりする。

私はこの顚末を本にしたいと初めから目論んでいたし、実際に日刊ゲンダイで連載もさせてもらった。そのための資料として、日記は有効活用できる。私だけでなく、母にも協力してもらおうと考えた。「介護の苦労を書いた部分を読み返して、正確な日付を教えてほしい」と伝えた。母に過去の日記を読み返してもらう。

「（夫が）いつか寝たきりになったら、おいしいものを作って、わざと遠ざけて食べてやる」

「（夫に）鼻クソや目ヤニをわざとつけられて殺意を抱いた」

「来る日も来る日も尿臭、絶望」

などの記述を反芻《はんすう》させた。さすがの母も、思いとどまったようだ。最終的には「在宅介護はもう無理ね」と母に言わせたのだ。もうね、そんな自分を褒めてあげたい。

さて、私の中の罪悪感もゼロではない。実はレオナルド・ディカプリオの映画『シャッターアイランド』を観ていてつらくなった。離島の精神病院（凶悪犯罪者のみ収容）に捜査で訪れた刑事が、実は自身が精神病だったという話だ。「なぜ自分がここにいるのかわからない」と訴える姿が父と重なる。人間らしく生きること、それを私が奪ったのではないかと考えてしまった。

エンタメを楽しめなくなるのはよろしくないし、悲観的なことばかり口にするのも周囲に気を遣わせて迷惑だ。

まず、できるだけホームを訪問すること。職員の心証もよくなるし、手も抜かれないはずだ。あざといが、お菓子などの手土産も時折渡す。

そして、父の日常に刺激を入れるために、週2回の訪問マッサージを導入。1回20分で約600円。施設以外の他人と接する機会を増やし、優しい女性の有資格者に施術してもらうので、父もちょっとは心華やぐだろう。私の罪滅ぼしは、父の「快」の感情を増やすこと。それしかない。

介護とは「お金」と「罪悪感」。

このふたつとどう付き合っていくか、に尽きる。

救いだったのは姉の冷静さ

自分と母がいかに父の介護と向き合ったか、を一方的に書き綴ったが、実は姉・地獄の存在が大きい。父が愛してやまない長女は、この10年、父の問題行動を最も冷静に見つめてきた。愛も憎しみも幾星霜《いくせいそう》、我慢と滅私が美徳の母とは異なり、姉は情と離れて、きわめて現実的に物事を見る人でもある。

というのも、姉が２００８年に帰国してからというもの、父は何かにつけて姉のところへ行っていた。自分が生まれた土地であり、墓守娘となった姉が愛おしくて仕方なかったのだろう。頻繁に、しかもひとりで訪れる父を、姉は鬱陶《うっとう》しいと思っていたようだ。そして数日間滞在する父の姿を見て、早くから老化を目の当たりにしていたのである。

父は、姉の家に来ても何をするわけでもない。姉の家庭菜園の手入れや、庭の草むしりを手伝うわけでもない。逆に、しなくていいことを勝手にし始めるので、ほとほと困ったと言っていたこともある。

姉が住む家は普通の住宅ではなく、**ログハウス**だ。外側のデッキは定期的にニスを塗って腐食を防がなければいけない。あるとき、父が珍しく張り切って「ニスを塗る」という。手にハケを持って、やる気満タンだ。

しかしその数日は雨続きで、デッキは全体的に湿っている。乾燥してからでないとニスを塗る意味がない。姉はやんわりと「乾いてからやろう」と言ったのだが、父はまったく引き下がらず、外に出て勝手にニスを塗ろうとしたらしい。「塗る！」「まだ！」の口論がいつしかつかみ合いの喧嘩となり、父と姉は大立ち回りを始めたというのだ。手にハケを持って、柱にしがみついた父を全力でひっぺがそうとする姉。母はドキドキして見守っていたが、「お互いに殺し合うんじゃないかと思ったわ」という。

このほかにも、姉が畑で「苗を植えるにはまだ早い時期だから、やらないで」と言ったことがある。ところが、父は勝手に畑に入って、植えようとしたらしい。「やるな」と言ったことをやろうとして、「やって」と言ったことをやってくれない。怒り心頭の姉からメールがきたこともあった。「あれは完全に認知症だよ」と姉が言い放っていたっけ。

そして、その父を甘やかす母に対しても、姉は手厳しかった。

「あの人も言うこと聞かないし、どっちもボケ老人だよ！」

と吐き捨てていた。ふたりが姉の家に来るときは、「老人たち襲来」と辟易《へきえき》するメールもきた。「認知の歪みが激しく、言うことを聞かない」頃の父を知っている姉は、呆れを通り越して早々に諦めていたのだ。父の糞尿処理を何度も経験し、介護に「家族愛」だの「罪悪感」だのは不要、と悟っていたのだろう。

一度、姉もたまりにたまって暴言を吐いてしまったようだ。おそらく「早く死ねばいいのに！」といったような言葉だったらしい。それを聞いていた母が「親に向かって、この子はなんてひどいことを言うのか」と驚愕して傷ついたという。

もうすべてが後日談ではあるのだが、姉が教えてくれたのは、

「自宅介護は憎悪を生むだけ」

ということだ。今回の父のホーム入居も「必然」と捉えていた。

世間でよく聞く話は、兄弟姉妹間の親の介護に対する温度差があり、不和と憎悪を生むというやつだ。

一方は「自宅介護するのが子供の責務！」と抱え込み、一方は「ホームに預けたほうが健全！」と喧嘩する。

あるいは、親の介護のなすりつけあい。

「うちは子供が受験で、まだまだ金がかかる。結婚していないいんだから介護もやってよ」

「仕事が忙しくてそんな時間はない。働いてないい人がやってよ」

などと、独身や子供がいないほうが負担を強いられたりするケース。住んでいる距離によっても不満は出る。近くに住んでるほうがやらないで、遠くに住んでいるほうがまめに訪れるなど。さらには、誰が手を出すか、金を出すか、その負担の割合で確執が生まれる話もある。

その点、姉はきっちり俯瞰し、オブザーバーというか司令塔に徹している。金は出さないが、必要な情報は入手して教えてくれる。甘い言葉は一切信用しない。情けも容赦もない。いつも先を見据えた発言をする。だからうまくいった。母は情に弱すぎる。私も現実を知らずにどこか理想主義で甘っちょろいところがある。シビアな姉がいてくれて、本当に良かったと思っている。

そんな姉だが、老人の扱いが実にうまい。ホームに訪れたときに、他の入居者と陽気にしゃべって、妙に場を和ませたりもしている。身内に厳しく、他人に優しい。父の今後、母の現状で気になったことがあれば、姉に報告・連絡・相談するようにしている。

ま、でも基本的に姉も気まぐれなので、電話もメールもＳｋｙｐｅ《スカイプ》チャットも、ガン無視されるときがある。それはそれで彼女の特性なので、仕方ない。

ホームに閉じ込められた
オレの気持ちがわかるか?
やっぱり家に戻らせたい…
お父さんかわいそう…
かーーー喝っ!!
喝
ふたりともボケ老人だ!!!
ホームだと人間らしく生きられないのかも…
まぁちゃんは完全にミシ子!!
潮もアマすぎ!!
自宅介護は憎悪を生むだけ!!

長い目で見れば「ちりつも」に注意

月額利用料が低めかつ安定した特養ではあるが、オプションもある。月1回のヘアカットや想定外の薬剤費など、すべて市価に比べれば安価だが、ちりもつもればなんとやらだ。ケチくさい話だが、具体例を記しておこう。父は「謎のティッシュちぎり癖」があり、まとめ買いしておいたティッシュが一瞬カラになったことがある。日常生活の細かい部分に目を配る職員が補充してくれたりもする。

ただし、後日、利用料とともに代金が請求される。家族が用意しておけば激安品で済んだのに、気を遣ってくださったおかげで、肌触りのよい超高級な製品（母や私は絶対買わないタイプ）が用意されることもあった。これが無駄な出費となることもある。

数十円～数百円でも、長い目で見たら大きい。そこは極力家族で準備しようと、母と誓った。

初めは、ヘアカットも美容師さんにやってもらったのだが、どうせハゲ散らかしているので、私たちがハサミで短くカットすればいいのではないか、という結論に達した。本人もヘアスタイルにこだわることがなくなったし、そもそも鏡をほとんど見ていない生活だ。ただし、エレベーターに乗ったとき、エレベーター内の鏡に映る自分を見て、

「俺、こんなに毛がなかったかなぁ……」

と残念そうに頭を撫でまわしてはいるが。ごめんよ、まあちゃん。でも、これで経費節減。

では、現状として毎月いくらくらいになっているか。父の場合、降圧薬などの常用薬代と医療費（医者の定期的な診察代）も含めて、

2018年4月	18万3230円
5月	17万8272円
6月	17万1580円
7月	18万2083円

このほかに、訪問マッサージを週2回利用して、月額約3000～4000円。ということで、月額は平均して18万円強、というところだ。

父は月額23万の年金収入があるが、18万強を差し引いて、母の手元に残るのが４万弱。母の年金額が月６万弱なので、母は10万円で暮らしている。

大丈夫かなと思いきや、母から驚愕の事実を知らされた。

「あんたたちが子供の頃、生活費は月６万しかもらってなかったから。何十年もやってるから大丈夫だし、私ひとりだもの。そんなに使わないわよ」

え、子供ふたりを育てるのに、父は月６万しかくれなかったのか?! もちろん光熱費や学費などは別に払ってくれていたというが、食費と生活費を６万円で回していたのだと知って心底驚いた。母、すげえ。いや、逆にごめん。その昔、母の財布から１万円札を盗んだことがある身としては、かなりうしろめたい。しかも、

「あんたたちにお金を使わせるのは本当に嫌なのよ！」

とめちゃくちゃ意固地でもある。何か買っていくと、「ちばぎん」の封筒に金を入れて、私に渡そうとする。

世の中には子供にたかる親もいるという。身分不相応の借金をこさえて、子供に払わせる親もいる。金にだらしない親のせいで、子供の人生が台無しになるケースも聞く。そういう親でなくて本当によかった。

ちなみに母と私は連絡ノートを作り、ホームを訪問した日に何があったか、書き綴るよ

うにしている。ときどき父もそこに参戦して、何かを書いているのだが、文字と呼べるものではない。それも楽しいし、一種の機能訓練になる。第2幕では、この連絡ノートをもとに、老人ホームでの暮らしぶり、父の変身、母の心境の変化などを書き記していこうと思う。

部屋には認知症やケアマッサージの本も置いてある。足の裏をオイルマッサージすると、父は不覚にもよだれを垂らしたりする。また、水虫や湿疹、あざなどの皮膚の異変にも気づくことができる。たとえ素人であっても「見る」「触れる」の手足マッサージは効果的だ。一日中靴下と靴を履いている父の足は猛烈にくさいけれど。足湯専用の桶も用意して、ときどき足湯もさせている。

ホットタオルで顔や首を拭くのも、父は大好きである。熱い湯に浸して絞ったタオルを顔に当てると、心地よさそうにうっとりする。もともと風呂好き・温泉好きだった父が、今は週に2回しか入浴できない。不満に思っているかと思いきや、そうでもないらしい。時には面倒くさいと思うこともあるようだ。

「施設にいると、○○ができなくてかわいそう」

と不憫《ふびん》に思うことなかれ。実際は、家族が思うほど不憫でも不幸でもない。**案外小さな喜びや快楽**を見つけていることもあるのだから。

介護に関しては、いい本がたくさんある。専門家が書いたお金の本、家族にもできるケアや心がけの本など、ためになる本にも巡り合えた。

良書があれば、さりげなく母に勧めるようにしている。右馬埜節子《うまのせつこ》・著『認知症の人がスッと落ち着く言葉かけ』(講談社)。母もこれを読んで、過去の己の蛮行を反省したようだ。

私自身は、太田差惠子《おおたさえこ》・著『親の介護には親のお金を使おう!』(集英社)が非常に心強かった。

逆に、芸能人の親の介護本はまったく参考にならないとわかった。介護の肝である「金」と「罪悪感」に関して、あまりに感覚がかけ離れすぎているからだ。

本を読んだり、自治体が行う認知症の講座を受けたりして、学んだのは「否定しない」「急がせない」「焦らせない」こと。さらに自己流で言えば、「友人や知人、会社員時代の人の訃報やお誘いは、父に伝えない」「父の怒りや寂しさを真に受けず、やんわり右から左へ受け流す」ことだ。同じ質問を10分の間に8回されても、8回とも同じテンションで答えることができるようになった。

入所して3か月経つと、確かに父は落ち着いてきた。3か月が勝負というのは本当だった。「いつまでもこんなところにいられないな」「そろそろ俺もここを卒業しなきゃ」とは言い続けているが、激昂することはなくなり、実に穏やかな日を迎えている(少なくとも私の前では）。

親や配偶者をホームに入れて、ありとあらゆる言葉を浴びせられ、罪悪感に苛《さいな》まれている人には、この3か月説を教えてあげたい。今は、親の施設入居で迷っている人、罪悪感を抱いている人の背中をそっと押してあげたい気持ちである。

第2幕

母と子はこうしてだんだん疲弊する

【実録】母と娘の「まあちゃん介護雑記」

ホームに入ってからの父の状態と、心揺れる母の言動は、私の視点から記しておいた。母もホームへ行った日に連絡ノートをつけ始めた（母の日記は【ネーヤ・記】と表記）。そこには、ちらちらと母の本音も垣間見えるが、たぶんよそいき。真の心情はどす黒いので門外不出だと思われる。

私の視点、ときどき母の視点で綴る「まあちゃん介護雑記」。

全部ではないし、第1幕と少し重なる部分もあるが、入所からの1年間を振り返ろうと思う。

ちなみに、父と母はいつもの呼称、「まあちゃん」「ネーヤ」で書くことにする。娘の呼称は、「長女・地獄」「次女・潮（私）」で表記する。

2018年3月　まあちゃん、いよいよホームに入所

3月26日(月)

入所日。私も午前中から実家で待機する。

車で迎えにきてくれる予定なのだが、遅れている。まあちゃんも「いつになったら来るんだ？　普通こういうのは10分前に来るもんだ」などと繰り返す。どこへ行くかわかっているのか、いないのか。

部屋に備えつけの家具はあるが、椅子もテーブルも必要ではないかとネーヤが悩んでいる。必要なモノは後で持って行けばいいと思ったのだが、タクシーを使わざるを得ない。ネーヤとしては、どうせなら一緒に運んでほしいと考えていたようだ。

こういうときのネーヤは、やることで頭がいっぱいになり、テンパってしまう。あれもこれも、と同時に考える人なので、すぐに脳の領域がパンパンになる。

結局、ネーヤが作った小型のテーブルを持っていくことに。木彫りを施した板の上にガ

ラスを載せるだけの、おしゃれ重視で非実用的なテーブルだ。

「ところかまわずつかまってはすっ転ぶ人の部屋に、こんな不安定なテーブルを⁉」

どうかしてるぜと思った。サイズ感はちょうどいいにしても、こんなグラグラしたテーブルを要介護4の人の部屋に。ネーヤの意図を推測してみた。

「殺風景な部屋になじみのある家具を置いて、お父さんには家にいる気分になってほしい」

気持ちはわかるが、危ないし、いつか転倒して壊れるだろうなと思った。

車椅子ごと収容できるワンボックスカーが迎えに来た。荷物を載せて、私たちも乗って、いざ出発。まあちゃんは少し緊張していたが、車に揺られてうつらうつらし始めた。

隣に座るネーヤを見て、はっとした。

ところどころ耳が茶色くなっている。ケガでもしたのかと思って凝視したら、白髪染めだった。入所準備で忙しかったのだろう。昨夜になって自分が白髪まみれと気づき、急遽、盛大にかつ雑に敢行したらしい。それだけでも、ここ数日間のネーヤの煩雑さが伝わってくる。ウエットティッシュで拭きとってやる。

とりあえず、まあちゃんを収容し、部屋に荷物を納める。前のケアマネさんもわざわざ来てくれて、手伝ってくれた。看護師さんや栄養士さんと打ち合わせ。現在、体重がかなり重いので、1日1500kcalで様子をみることに。ケアマネージャーさんからケアプランについて説明を受ける。

ポータブルトイレを置いてもらうこと、転倒しないようトイレの際は見守りが必要なこと、頭はハッキリしているときもあるので、できるだけ話しかけてほしいこと、ダジャレが好きなことなどを伝える。

同じユニットにいる人の家族とも会った。夫を入れて1週間という女性だ。心配で毎日来てしまうと話していた。ひとり、入居しているおばあさんが大声でしゃべっていた。

「最近の子供は親の面倒をみないでこういう施設に放り込むんだからねぇ。いやになっちゃうねぇ。昔は、親の面倒は子供がみるって決まってたもんだけどねぇ」

そういうこと言うから放り込まれたんだよ……と心の中で思う。

3月29日(木)

昨日は肺炎球菌ワクチンを接種したまあちゃん。今日もホームへ行ったネーヤから電話。バスが平気で30分~40分遅れる、と文句たらたら。

そして、まあちゃんの部屋に入った瞬間に「なにやってんだ、バカヤロー!」と怒鳴られたらしい。なぜ自分がここにいるのか、わけがわからず怒り心頭のまあちゃん。

「こんなところにいたくない!」と怒りまくり。

午後には落ち着いたらしく、にっこりと笑っていたようで。

「今度はいつ来るんだ?」「潮はいつ来るんだ?」と聞かれたらしい。とりあえず行けるときに行くしかない。

3月30日(金)

地震があったので、ネーヤに電話。ネーヤは地震も台風も怖いという人だ。

神経が図太そうに見えて、案外びびりの怖がり。今日も明日もホームには行かないそうだ。「私もやることいっぱいあるから!」とな。

「お父さんがかわいそう病」はひとまず治まっている。

3月31日(土)

昼過ぎ、まあちゃんは食堂で親子丼を食べていた。私も一緒に持参したおにぎりを食べる。

一緒に食べたほうが楽しいかなと思って。まあちゃんが「今日、コケちゃったんだよ」と話す。

その会話を聞いていたスタッフさんが慌《あわ》てて私に声をかけてきた。「午前中にひとりでトイレに行こうとして転倒されて……夜もポータブルではないトイレに行こうとすることがあるんです」とのこと。

入所6日目ですでに転倒とは。配慮が足りない！　ホームの忙しさをまだわかっていない私は、つい小姑目線に。が、スタッフさんから言われた。

「あの、できれば、ご家族の方はご飯を別の場所で食べていただいたほうが。何か違うモノを食べているのを見ると、欲しがってしまう方もいるので……」

嗚呼、配慮が足りなかったのは私だった！　ごめんなさい！

夜はロビーのほうへ行って、ひとりでもそもそと飯を食う。決しておいしくない。

新聞を4日分持っていく。開くものの、たぶん読んではいない。『東京新聞』に毎日掲載されているのが、コラム「筆洗」。筆洗専用のノート（コラムを切り抜いて貼り、書き写すというノート）を数冊購入したので、ぜひ実践してもらおうと思った。

しかし、まずハサミをうまく使えない。コラム全部を書き写すなんてことも当然できず。とりあえず切り貼りと日付だけを書いてもらおうと思ったが、今が平成何年何月何日かわからないようだ。「平成29年29」と書いていた。

昨日下剤を飲んだらしい。

おなかはぱんぱんに膨れている。ポータブルトイレで排便。中には数回分の糞尿が入ったまま。部屋の中が匂う。長くいたくない、と思った。

今日は会話も弾んだ。横浜のおばさん（まあちゃんの叔母）の話をしたら、

「そろそろ横浜行かないとな。お前も行くか？　帰りは中華街でメシくうか」

「うんうん、そうだね。聘珍樓《へいちんろう》に行こうね」

「いやいや萬珍《まんちん》樓だよ」と返す。ちゃんと記憶はあるらしい。

「そうだね、みんなで車で行こう」と言うと、

「電車で行くんだよ！」と言う。

自分が76歳と思っていない。「え、俺そんな年か？」と聞いてきた。来週で77歳、喜寿だよ！

ネーヤについて「最近サボりぎみなんだよな」と言う。まあちゃんの頭の中ではどうやら入院している設定のようだ。歩けるようになったら家に帰ろうという話にした。嘘《うそ》だけど。認知症の人には優しい嘘がいい。どうせすぐ忘れてしまうのだから。

2018年4月　まあちゃん早くも「家に帰りたい」と言う

4月1日(日)【ネーヤ・記】

9時半に到着。

食堂で椅子に腰かけているが、体を二つ折りにして寝ていた。

目を覚ますと早速トイレへ。オムツびっしょり！　新聞と市の広報紙を持っていくが、読み終わると居眠り。車椅子で散歩に誘うも、行きたくないらしく、ベッドに横になる。すぐいびき。

午後、外で尾の長い黒猫が悠々と部屋の前を横切る。

夫に言っても、まったく関心がなさそう。庭の木にマーキングしていなくなった。午後の静かな住宅街。何の刺激もなく、本人も意欲ゼロ。ダジャレをひとつも聞いていない。妙におとなしい！

私「ここ、少し慣れた？」
夫「もう1か月入ってるのだから慣れたさ」
私「明日で1週間だよ」
夫「…………」

余計なことを言ってしまった。

4月3日（火）【ネーヤ・記】

午前中、提携クリニックへ。
心電図、胸部レントゲン、血液検査。尿は出ないので、ホームで採尿することに。会計1万2250円！　財布に8000円しかなかったので、立て替えてもらい、今月分の支払いと一緒に請求してもらう。午後入浴。体重77・2kg。

※追記　まあちゃんは約3か月で8kg近く痩せた。インフルエンザ感染でまず痩せて、ショートステイ1か月で規則正しくショボいムショメシのおかげで、ぐっとスリムに。実は、私も人生最大の体重になっていた。まあちゃんがまだ自宅にいるとき、体重を

測らせようとしても、うまく体重計に乗れなかった。見かねた私は「こうやって乗るの！」と自らが体重計に乗ってみせたら、78kgもあった。身長が176㎝あるとはいえ、46年の人生で最重量。そういえばここ数年、膝も痛い。こりゃいかんと思って、ダイエットを始めた。ホームへ行くと、排泄介助やらで鼻がバカになるし、自分もこうなるのかと暗い未来予想図を考えてしまって、食欲が失せる。これをうまく利用しようとも考えた。立ってる者は親でも使え。いや、立ってないけど。まあちゃん、私も痩せるわ。

4月6日(金)【ネーヤ・記】

9時半に到着。

食堂で居眠りしていた。気づいたら、入居者全員が居眠りしている。食後は眠くなるのだろう。部屋に入ると床はほこりだらけ、電気つけっぱなし、ポータブルトイレの周りは小便まみれ。半分乾いて光っていた。職員に告げると「後で掃除します」とのこと。家から持ってきた雑巾で床を拭く。ベッドの上もモノが散乱して凄《すさ》まじい！

ポータブルトイレのペーパーホルダーがない。探したらたんすの引き出しに入っていた。

4月8日（日）【まあちゃん生誕祭：全員集合】

今日はまあちゃんの77歳の誕生日なので、千葉の奥地から姉の地獄も参加。みなさんお揃いで、ロビーのテーブルにごちそうを広げて、すでに食べ始めていた。まあちゃんが待ちきれなかったらしい。赤飯にいなりにからあげ。ひたすら食う。

ケーキを買っていく。箱を開けた途端、フォークをケーキにぶっさすまあちゃん。皿にのせる前からケーキがぐちゃぐちゃに崩されてしまう。これぞ認知症。子供よりもひどい。

食べ終わった後は歩行トレーニング。外に出て、まあちゃんの手を持って歩かせる地獄。車椅子を押して、ホームの外側（敷地内）は案外平らじゃないことに気がついた。施設内や入口付近は完全に平らでバリアフリーだが、駐車場までの道のりは意外と傾斜がある。ほんの少しの傾斜でも、車椅子の人にとっては大変なのだ。いまさらながら知る。

入居しているおばあさんが食堂で話していた。

「なんで私がここにいるのか、わからない。ずっと理由を考えているの。何か私が悪いことしたかなあと思って」

切ない。そう聞かれたら、どう答えていいのかわからない。

タクティールケアをやってみる。手と足、ベビーオイルでマッサージ。血行はよくなったみたい。いつも手が氷のように冷たく、かたまっているので、行ったときはマッサージするべし。地獄がまあちゃんの足の爪を切ってやる。爪の間が猛烈にくさい！　納豆を腐らせたような。納豆は腐ってるから納豆なのだが、さらに腐敗を強いたようなニオイ。

※追記　タクティールケアとは、触れることで痛みや不安、ストレスが和らげられるというもので、介護の現場でもそのメソッドが使われているという。認知症の本を探しているときに、この本を見つけたので買ってみた。金払って講座を受けて資格をとってうんぬん、という内容にはまったく興味はないのだが、とにかく優しく触れることだとわかった。

本には簡易なやり方が書いてあったので、それを実践してみた。冷えたまあちゃんの手足に一瞬血行がよみがえったのは確かだ。ただし、この年代の人って、オイルマッサージに慣れていないというか好きじゃない。油でベタベタして気持ち悪いと文句も言うのだ！

4月9日（月）

ネーヤと地獄と、10時に入る。

まあちゃんは昨日と同じ服。布団がオシッコで濡れていた。

食堂で開口一番「帰りたい」とつぶやくまあちゃん。

笑ってごまかす私。

外に連れ出して、スイートポテトとチーズケーキを口におしこむネーヤ。

食べ方は相変わらず汚い。口の周りにも手にもつけながら、足元にもボロボロとこぼしまくる。

日を浴びるまあちゃん。

「この桜の木に鳥が来てるんだよ」と2回言う。

食堂から庭を眺めていたのだとわかる。ダジャレにもキレがない。

その後、地獄のトレーニング。ネーヤはすぐに座らせようとする。できるだけ立って歩かせないと、寝たきりになっちゃう。

とにかく動かすことだ。

足のむくみはひどいし、立ち上がりのときに膝がガクブルして、生まれたての子羊みたいになる。いや子羊のほうが立派だな。歩き始めれば、ガクブルは治まる。初動だけが不安定で、後は大丈夫だから、どんどん動かさないと。ネーヤの過保護が問題だ。ネーヤの寂しがりも問題に。まめに電話して、しゃべらせるようにしよう。

4月12日(木)【ネーヤ・記】

到着するなり、「ここはいつ出られるんだ?」「こんなところにいられないよ」「何もすることないし、家へ帰りたい」と言う。

女性の機能訓練士さんが来て、これからは本格的な訓練が始まる。実際に始まると実にいきいきして。あんな顔は久しぶり。嬉しそう!

午後は外へ。

私が乗った車椅子を夫に押してもらう。じっくり新聞を読んだ後、『東京新聞』カメラマンの写真について話す。排便後、ウォシュレットを久々に使って大満足の様子。

※追記　機能訓練指導員は週5日いるらしい。ただし、まあちゃんのいるユニット専門ではない。多床室も含めて100人の大所帯で、順番に行うから、毎日ではないだろうと思う。それでも、やっとレクリエレーションやリハビリが始まるので、ひと安心だ。新しい施設は、なかなか体制が整わないという点がデメリットではある。ネーヤが乗った車椅子をまあちゃんが押すと聞いて、ちょっと危ないかなと思ったが、案外いい運動になるかも。過保護はよろしくない、と思い直す。

4月13日(金)

13時到着。看護師さんにまあちゃんの排便記録を確認してもらう。「11日に大量に出てます」「自然なお通じがないので、下剤は3日に一度、調節していますよ」とのこと。排便記録を確認するといい。本人は出した記憶というか、自覚がないらしい。

まず『東京新聞』を渡して読ませている間に、クイックルワイパーで部屋の床を拭く。ほこりとティッシュのカス。まあちゃんが汚してるんだな。ダジャレも10発くらい出た。たいしたものはなかったけれど。

お饅頭を買っていったが、食べず。

車椅子で外に連れ出し、花を見て回る。

「これはチューリップか?」などと興味を示す。自衛隊の飛行機が訓練でグルグル回っていたのを観て、

「あれは海上自衛隊。この近所に基地があるから」とまあちゃん。

「飛行機だから航空自衛隊じゃないの?」と聞くと、「海自」だと言い張る。ずっと旋回していたので、食堂のおばあさんたちも「今日は飛行機が多いわねぇ」という話から空襲の話になっていった……。老人ホームあるある、かな。

女子トークも盛り上がっていた。

私は近づかないようにした。

私がいると、ばあさんたちがちょい緊張するみたいだから。しばらくすると「最近の子供は親をこんなところに入れて。昔の子供は親の面倒をみたもんだけどねぇ」と愚痴大会へ。毎度のことだ。

徘徊がひどいおじいさんが何度も部屋に入ってくる。

まあちゃんいわく「あのじいさん、しょっちゅう入ってくるんだよ。おちおちウンコもできない」

夕方。「俺もそろそろ携帯を買おうと思ってるんだ。この前も電話かけさせてくれって事務所に行ったけど、かけさせてくれないんだよ。家に連絡できないじゃないか」と言う。否定せず「でも今はスマホが主流で1台10万円くらいするよ」と返すと、「そんなにするのか！」と驚いていた。ｉＰｈｏｎｅ《アイホン》最新機種はそれくらいするので嘘ではない。高価とわかると、考え直すまあちゃん。倹約が美徳の昭和初期人はわかりやすく御しやすい。

ホームへ行った帰りに実家に寄る。

バスを乗り継いでうまくいけば20分で着く。ネーヤに今日のまあちゃんの話をすると、「携帯なんて持てるわけないじゃないの！」と真に受けて怒り出す。

だーかーらー、認知症の人はすぐ忘れるんだから、受け流せばいいの！

ネーヤ、銀行で3万おろせばいいところ、15万もおろして、頭がぼーっとしたと告白。

また、「俳句の先生や友人が遊びに来たとき、せっかくお土産を用意したのに渡し忘れた」とか、「コタツのスイッチ入れっぱなしだった」とか、モノ忘れは徐々に激しくなってきたようだ。ネーヤもしゃべること、人と接することが必要だと思った。

ネーヤ世代の人は常にせわしない。

やたらあちこち濡れ雑巾で拭きまくったりするよね。きっちり拭いてくれるならいいが、絞りが甘くて、ちょっと生乾き臭がしたりすると最悪。

まあちゃんは67歳くらいのとき、すでに自転車に乗れなくなっていたという事実を知る。

4月16日(月)【ネーヤ・記】

相変わらず床やベッドにちり紙の残骸散乱。夫に聞いてもわからない。

「ログ（現在、長女が住んでいる家のこと）に火災保険をかけたほうがいい。変な人が泊まって騒いでいるので、そいつらに火をつけられたら大変だ」と言う。下手に反論せずに聞いたが、どうやら夢の話のようだ。

機能訓練の説明。2割負担だと、1回24円かかるとのこと。

※追記　ネーヤ、曜日を間違えて「金曜日」と書いていた。すわ、**見当識障害**か⁉ ノートもまめにチェックしておこうと思った。また、ネーヤの漢字間違えは比較的多い。ときどき、まあちゃんがそれを直していることがある。ただ、その漢字も間違っている……。

4月19日(木)【たまたまネーヤと私のW登板の日】

12時前に到着。ちょうどネーヤが車椅子のまあちゃんを散歩させているところだった。隣にある老人ホームのほうまで車椅子で散歩に行くらしい。

私は玄関で歩かせる。意外と元気だ。ネーヤには相変わらず愚痴を垂れる。娘の私にはあまり言わない。

昼食後、ネーヤがマッサージ。やせ細ったすねを毛ごとゴシゴシこする。

「痛い！」というまあちゃん。タクティールケアは撫でる程度に優しく触れるのが基本。ネーヤのマッサージは、ある種の拷問。まあちゃんもわざと痛がっているフシもある。いつもの夫婦ごっこか。

マッサージを終えた後、再び外へ。歩かせる。そしてネーヤを車椅子に乗せて、後ろから押させる。案外スムーズ。

しかし、まあちゃん、今日は無口。マッサージしながら思い出話をさせようとしたら、全部ネーヤが答えてしまう。本末転倒。

「まあちゃんに思い出させようとしてるんだけど、あなたが全部しゃべっちゃう」と諌《いさ》める。でもネーヤもしゃべりたがりの寂しがり。老人ふたりを介護する気分。

ずんだ大福をテーブルの上に置いておいたら、スーッと手を伸ばして勝手に食おうとするまあちゃん。でも、フィルムが剥がせない。ネーヤが剥がしてあげる。甘やかしおって。

ホームに来て気づくこと。

徘徊がひどい人の家族は、今まで大変だっただろうなと思う。まあちゃんは足腰が弱って徘徊がなかったのでよかった。認知症の幅の広さを思い知る。

4月21日(土)

ネーヤから夕方に電話。

今日行ったら、まあちゃんが「金をくれ。なにかあったときにバスで帰る」と言う。「こんなところにいても寝て食うだけだ、帰りたい」と繰り返したらしい。

ネーヤ、ほだされ始めている。ただし、理由はほかにもある。

①まず行くのが不便。バスが来なくて30分～50分待つことも。これが一番のネック。
②レクリエーションがなかなか始まらない。
③まあちゃんがかわいそうということと、自分が寂しいということが重なっている。

地獄に相談するも「そんなの無視しておけばいいんじゃない？」と冷たい。

特養を出てどうするのか。ショートステイを繰り返すのか、デイサービスを毎日入れるか。お金がいくらになるのかわからないが、自宅で風呂は無理だ。それに出てしまったら、二度と特養には入れなくなるだろう。

認知症も進んで寝たきりになって、どうするというのか。

4月23日(月)

例の「お父さんがかわいそう病」騒動の日。ネーヤはすっかり落ち着いた。自宅介護は無理だとわかった様子。でも、今後もまあちゃんは「家に帰りたい」「俺の気持ちがわかるか」と切ない言葉の連打を浴びせるだろう。「ホームに入れたのは、ネーヤのためと言ったけれど、実際にはまあちゃんの安全のために入れてるんだよ」と伝える。とにかくホームに入れて正解だった、とネーヤに思わせなければ。

4月28日(土)

まず部屋を掃除。部屋に散乱するティッシュカスの謎が解けた。まあちゃんはウンコした後、トイレットペーパーをもむからだ。昔の便所紙のクセがよみがえったのか？　イマドキのペーパーは異様に柔らかいし、もまなくてもいいのに。

天気がいいから歩かせたいが、まあちゃんが活発じゃない。あまりしゃべらないし。

「昨日来るって言ってたから、ずっと首を長くして待ってたんだぞ」

と何度も何度も言われる。寂しいんだな。「そろそろここも卒業しなきゃな」とも言う。

卒業、出所、とにかく出たいんだなと思う。

「風呂はいつもは火曜日か土曜日なんだ」という。午前中というが、午後のときもある。ただ、まあちゃんもなんとなく施設のシステムを把握し始めている様子。

目の前でまあちゃんが転倒した。頭や手を打つというよりは、足が踏ん張れなくなって、尻餅をついた形。後ろから抱きかかえて起こそうとしても、できず。ナースコールを押して、スタッフさんを呼ぶ。若い男性スタッフさんがヒョイッとまあちゃんを持ち上げる。支点・力点・作用点にコツがあるんだな。起き上がってから、血圧などもチェックして、念のために看護師を呼んでくれた。骨に異常はなさそうなので、ひと安心。転んだ本人も「イテテ」と言いつつも、みんながかまってくれるので嬉しそう。看護師さんにダジャレ言ったりして。血圧を心配したが、逆に108と低かった。私のほうが驚いて血圧上がったよ。

「今度はいつ来るんだ?」「昨日来ると思ってたのに来ないからがっかりだよ」

「誰も来ない日はがっかりしてしょぼーんだよ」を繰り返すまあちゃん。

「これからは訪問マッサージも入るし、機能訓練も入るよ」と言うと、「いや、家族が問題だよ」と。「私も頑張って来るようにするよ」と伝える。

うすうすだが、まあちゃんも私がここまで来るのがそこそこ大変だとわかっている様子。

「交通費はいくらかかるんだ? ここまでどれくらいの時間で来られるんだ?」

と何度も聞く。「片道1000円強、時間は1時間半だよ」と毎回答える。

そして、夕方。車椅子に座ったまま、窓の外を見て、ぼそっと「うちに帰りたい」と言う。「もう1か月ここにいる」と、正確に把握していたのには驚いた。

「ここにいる連中はみんな家に帰りたいって言ってる」

「ここは頭がパーになって、ボケちゃったヤツばっかりだからな」

と言う。それに対しては私も答えないで、さらっと受け流す。夕方になると、たそがれ

今度はいつ来るんだ?
んー…
来週かな
昨日も
待っていたんだぞ
誰も来ない日はがっかりしてしょぼーんだよ
ここにいる連中もみんな帰りたいって言ってる
……
そりゃ無理じゃない?
ここは頭がパーになってボケちゃったやつばっかりだからな

る傾向がある。他の入居者も同じようだ。夕暮れ時は心を切なくさせる。

4月30日(月)【ネーヤ・記】

スタッフさんから「夜は2時間ごとにオムツを替えますが、最近ありがとうと言われるようになりました」とのこと。

私は結婚して何十年も「ありがとう」と言われたことがないのに。腹が減ってないと言う割に出された食事はすべて完食。

昼食後に立ち上がらせたら、凄まじい悪臭！　トイレに行くと大量の下痢便。ズボンにもついて気絶しそうなニオイ！

まいったぁ。

便のニオイには6年ほど前から慣れているはずなのに、いつまでもニオイが取れず、マスクの中までクサイのよ‼

聞いたら、昨日とおととい、下剤を飲ませたとのこと。下痢するの当たり前。立ち上がったときに、出たオシッコを自分の手で受けた夫。その手をベッドのシーツで拭いたので、ポカリと頭を叩いたよ。

※追記　夜は2時間ごとに紙パンツ交換。「だから大惨事にならないのか、ありがたい」と思う一方で、「2時間ごとに起こされて、まあちゃんは熟睡できないんだな」と知る。

2018年5月　THE　認知症

5月1日(火)

11時半前に到着。食堂でぼーっとしていた。しかも車椅子に座っている。尻が痛いと訴えて、湿布を貼ってもらっていた。部屋はそんなに汚れていないが、空気がよどんでいる。すぐに窓を開けてドアを開けて空気の入れ替え&掃除。

連絡ノートを見ると、昨日はネーヤが便まみれだったようで。ちょっとホッとする。そういう日に当たったらキツイと思った。ただでさえ、ホームに行った日は体が老人くさい。ポータブルトイレのニオイがどうも馴染めない。尿や便があったらあったでくさいのだが、消臭液の甘ったるいニオイと混じると、余計にくさい。

でも、そんな部屋に24時間いるのだ、まあちゃんは。ニオイがわからなくなるというのは認知症の特徴でもある。

歩行器のことをスタッフさんに相談する。試しに多床室のほうにあった歩行器を借りる。が、まあちゃんは「歩きにくい」「尻が痛い」「腰が痛い」を連発。確かに幅が狭くて、まあちゃんの体格には合わない。ここにあるのはそのサイズだけ。もし欲しいなら購入しなければいけない。すごく高いという。諦めよう。

尻が痛いので、まあちゃんはご機嫌斜め。ご飯食べた後、ヨーグルトを飲ませて、歯を磨かせて、顔を拭いて、鼻毛切って、ヒゲ剃らせて、外へ。億劫がるので、散歩だけに。結局、車椅子でホームの外周をぐるりと回っただけ。

今日は月に一度の美容師さん訪問日。2階の多目的ルームに美容師さんがスタンバイし、次々と老人が運ばれてくる。若い美容師さんに「眉毛と耳毛もお願いします」と伝える。まあちゃんは鏡すら見ないで、目をつぶっている。何度かトイレに行ったが、紙パンツが濡れている。新しいものに穿き替えさせるときに、「すみませんねぇ」って。ちょっと驚いた。スタッフさんにも「ありがとう」を言えるようになったようだし。進歩。

しかし、今日はトイレもままならぬというか、足に力が入らない様子。まったく歩かせることができなかった。ネーヤの姉妹（7人兄妹なので）の名前と順番を何度も聞かれる。立て続けに同じ話を3回以上繰り返す。ザッツ認知症。

「明日は誰も来ないよ」と言うと、「しょぼーん、だな」とつぶやく。

がっかりとか、しょぼーんという表現が、マイブームになっているまあちゃん。

5月4日(金)

静岡に住む夫と一緒に訪問。

「皆さんは元気?」と何度も聞くまあちゃん。夫から電気シェーバーの使い方を教わる。この刃の部分はこうして使うのか、と初めて知った。

車椅子に乗せて、外へ。夫が押してくれる。手をつかまらせて、歩行訓練するのだが、私の腕をつかむ力だけは強い。そして全体重をかけてくるので、こっちも相当疲れる。

ケーキを買って行ったが、箱を開けようとするそばから、まあちゃんが手を伸ばしてくる。猫か。イチゴパフェのイチゴを全部食べ尽くし、「一期一会」とダジャレを言う。

帰ろうとしたら、まあちゃんが「本日ははるばる遠くからありがとう」と、かしこまった口調で夫に礼を言う。ありがとうって久々に聞いた! 夫の顔と名前は認識していて、娘の夫だとわかっていた様子。静岡の地名もちゃんと出る。でもそれ以上の会話はない。

5月5日(土)【ネーヤ・記】

食堂があわただしい。

入居者のひとりが食堂で大量に下痢便をしたらしく、スタッフさんがてんやわんや。

夫の昔の仕事仲間から電話があった旨を伝えると、嬉しそうに何度も同じことを聞く。

15時過ぎ、「ここに死ぬまでいろと言うのか?」と目を三角にして言う。

5月7日(月)【ネーヤ・記】

食堂に皆さん揃っているのに、夫だけ部屋にこもっていた。到着するなり、「黙って帰りやがって!」と怒っている。トイレに行くも、ぷんぷん怒っている。

「これからは帰るときにお父さんのサインをもらうわね」と言うも、雨模様の日は精神状態が最悪。

午後になっても「昨日はまいったよ、ふたりとも帰りやがってよぉ、黙って帰らないでくれよぉ」というセリフを4回繰り返す。

昨日は誰も来ていないのに。

※追記　雨の日は、ネーヤも行くのが大変だ。
晴れている日は自転車で1キロ先のバス停まで行って、路線バスに乗る。所要時間はドアツードアで30分くらい。

雨の日は、まず最寄りの駅までコミュニティバスに乗り、そこから別のバス停まで5分ほど歩き、路線バスに乗る。バスの乗り継ぎがうまくいけば30分程度だが、うまくいかないときは20分以上待つこともしばしば。最寄りのバス停からホームまでは歩いて3分程度だが、70代の常に「膝が痛い」女性が、この道のりを通うのは相当キツイ。

特養の宿命は交通の便が悪いこと。

他県の特養に入れた話もよく聞く。特に東京都では特養に入れること自体が奇跡で、茨城や栃木まで行く人も。我が家は幸運と思うべし。

雨の日は行くほうも億劫になるし、迎える側も機嫌が悪い。外にも出られず、ニオイで充満した部屋に、老人ふたりがピリピリする姿を思い浮かべるとキツイなぁ。

5月10日(木)【ネーヤ・記】

入浴時に、足の小指の皮が剝けていて、看護師さんに水虫だと言われた。薬を塗ってもらう。全身の乾燥がひどいので、保湿剤も塗っている。

「昨日電話しようと思ったが、連絡がつかなかった。母親の命日なので花を買ってくるように言おうと思った」とのこと。

「帰りにローソンで買って帰る」と言うと、収まった。

訪問マッサージは6月から週2回に。

ここは、リハビリデイサービスでお世話になっていた施設なので、夫を知っている先生もいる。夫が通っていた頃の話を聞いて大笑いする。

5月11日(金)

まあちゃんは部屋に引きこもって寝てた。スネてた。

が、しゃべり始めたら元気。まとも。やや怒りっぽい発言もあったが、次第に穏やかな笑顔に。飲むヨーグルトを飲ませる。

靴がなんだか小便くさくて、湿っている。外へ行くといったら喜んでいた。やっぱり出たいんだな。歩けるようになったら帰れるとネーヤが言ったのを、まともに信じているのかもしれない。

ともあれ、天気もいいし、足の調子もいいので、歩かせる。外に出た途端「オシッコ」というので、再びユニットへ引き返してトイレへ。敷地内を数往復歩かせる。

「この調子なら家まで行けちゃうよ」と軽口を叩くまあちゃん。よしよし。

食堂に戻ると、おばあさんたちが話しかけてきた。

「どこから来てるの?」「ひとりっこなの?」

まあちゃんのことだと思って答えると、聞かれているのは私だった。出身地や住まい、家族構成などの話に。余計な話を聞かれそうだったので、笑顔で後ずさりして部屋へ。案の定、私たちが部屋に入ると、大音量でおばあちゃんたちが子供や孫の話をし始めた。

連絡ノートにまあちゃんの筆跡を発見。

「はがき書いてごらん」と誘導。向田邦子のはがき作戦、まだできるな。17時にもなると、寂しそうな顔をするまあちゃん。どうも夕方はたそがれ時でメランコリックになる時間帯。「いつまでもここにいたって弱るだけだ」「家に帰りたい」と、わりとまともに目を見て訴えてきた。右から左へ受け流す。

5月12日(土)【ネーヤ・記】

朝、ワークマンに寄って、綿ソックス11足セットを買って持っていく。

午前、大量に便が出る。

ログハウスを空き家バンクに登録する話をすると、「絶対売らない!」と語気強く言う。口数少ないけれど、ダジャレは言う。少し痩せて、肩の骨が浮き出ている様子。種無しぶどうと串団子をペロリ。無心に食べる様子を眺めるのは楽しい!

今日は「家に帰りたい」とは一度も言わなかった。

「明日も明後日も雨みたいよ」と言うと「じゃ、誰も来ないのね」とつぶやく。靴はスタッフさんが洗ってくれた。

5月13日(日)

ネーヤから電話。

「お父さんがかわいそう」と、また始まる。

こちらももう慣れてきた。「今までの日記を読み返せ」と伝える。

早速自分の日記を読み返したようだ。

「鼻クソや目ヤニをつけられて、殺意を抱いた」の記述で思いとどまった様子。

日記を遡《さかのぼ》れば、もっとひどい記憶を思い出せるはずである。ただし、十数年前の日記は燃やしたらしい。焚書《ふんしょ》するなんて、よほどの憎しみだ。

ふたりとも存命なのですべては書かないが、長年にわたってまあちゃんはネーヤに対して不実だった。

その恨みと苦しみとつらさをぶつけた日記は、相当の罵詈雑言が綴られていたのだろう。この件は、ふたりの死後に改めて書こうと思っている。

5月15日(火)【ネーヤ・記】

ベッドで「ふて寝」の状態。やっぱり家に帰りたいと言う。徘徊する男性が部屋に入ってくる。夫が「コラァ!」と怒鳴ると、相手も怒鳴り返してきた。スタッフさんが止めに来てくれたが、興奮状態。「相手は認知症だから怒ったらダメよ」と言い聞かせるもわからない。今後も怒鳴り合うのを想像すると怖い。部屋にいるときもドアを閉めておこう。

※追記 部屋のドアはスライド式。窓は数センチしか開かない。部屋の臭気を外に出すためには、窓を開けてドアも開放したいのだが、開けておくと食堂から丸見え。まあちゃんがポータブルトイレに座る姿も外から丸見えになる。忸怩《じくじ》たる思い。

5月16日(水)

梅園のあんみつを買っていく。

部屋のベッドで寝そべってた。

最近は、誰も来ないとわかると、部屋に引きこもるらしい。昼飯後なので、ベッドに座らせたまま歯を磨かせたら、口の中のモノを床の上にベッと吐いた。こういうことをやっちゃう感覚が認知症だ。

外へ。少し歩かせるも、「疲れた」とすぐに車椅子を目で追う。数往復歩くも、日は照ってるし、暑いし、私が疲れきって散歩終了。戻ってあんみつを食べる。黙々と無心に。当然だが、蜜は垂らしまくり、手はベタベタ。しかも、最後の蜜を飲もうとカップを傾け、胸からおなかに蜜を垂らす。ＴＨＥ認知症。

今日は入浴日。自分でとっとと服を脱ぎ、肌着のままスタンバイ。まあちゃんの入浴中に、外へ出てネーヤに電話。幕張の免許センターに免許証返納に行ってきたらしく、やや興奮ぎみ。「幕張は夢のような世界だった」という。え、幕張が？

戻って、風呂上りのまあちゃんを待ち構える。だいぶ暑かったみたいだ。うちわであおいで、靴下を脱がせる。ところが、急に服を脱ぎ出し、「ウンコしたい」と言う。

便器に座らせると放屁。ものすごく長い。30秒くらい。私、こんな長い屁をしたことがない。ある意味興味深いというか、すごい。特技の域である。ウンコはたいした量は出ていない。

食堂で、訓練指導員さんが体操を始めた。座席は定位置だ。まあちゃんの席は他の人と少し距離を置かれるようになっている。いつも隣に座る女性から説明を受けた。

「この前、転んだのよ。あたしたちまで転んだら大変だから、席を離したの」とのこと。

「ネーヤは金曜日に来るよ」と伝える。

今日は一度も帰りたいとは言わなかった。

※追記　高齢者の暴走運転事故報道を観て、ネーヤの運転免許証は返納、車も売ってもらうことにした。地獄も早々に示唆していたのだが、ネーヤはなかなか手放さず。やっと返納したのだ。自治体によるが、返納すれば公共交通の優待券がもらえるところもある。ネーヤは3年間、バス代が半額というシルバーパスを手に入れた。電車やバスが走っている地域なら、そして、親を刑務所に入れたくなければ、ぜひ返納を。事故が起きてからでは遅い。

5月17日(木)【ネーヤ・記】

到着すると、やはりベッドでふて寝。

曇りだが、風が爽やかなので一時間ほど外を車椅子で散歩。薔薇が盛りの季節。施設の周りのあるお宅の庭には梅がびっしりなっていた。

3年前は、6月20日にログの梅を収穫していたと日記に書いてあったので、今年は梅の成長が早い！　5月の終わりには収穫できるかも、と夫に言いかけたが、「それまでに家に帰る」と言い出しそうなので、心にとどめておく。

5月21日（月）【ネーヤ・記】

入居者のひとりがひどい咳をして歩き回っている。おばあさんたちが文句を言う。「肺炎が流行《はや》っているからうつされたら困る！」と。夫に咳が出ないか確認すると、「咳は出ないが屁は出る」とのことでした。

夫「家に帰れば元気が出るよ」
私「家に帰って何するの？」
夫「庭の見回りをするよ」

我が家はマンションの12階で、庭はない。長女が住んでるログのことか。

夫「帰って手入れしなきゃなぁ。だいぶ荒れてるんじゃないかなぁ。でもログは車がないと不便だろうなぁ」
私「車はあるよ。車がないと生きてゆけないもの」

長女が今、ログに住んでいることがわかっていない様子。

夫「横浜の庭も草がぼうぼうだろうなぁ」

横浜は私の妹が住んでいるが、マンションなので、庭はないし、草もない。

夫「ログの風呂は古くなっただろうなぁ。わかしてないんだろう」

家と、長女が住むログハウスと、妹が住む横浜と、なぜか混同している。

5月23日（水）

ネーヤから電話。足が痛くて病院へ行ったという。

軟骨が擦り減っているらしい。ネーヤまで車椅子になったら大変。

そんなときに、まあちゃんの昔の仕事仲間から自宅に電話がきたそうだ。

これからホームに見舞いに行くという。勝手に行かれても困るし、かといって、彼らが来る日にはネーヤも行かなければならないと思うと億劫だという話。

5月25日(金)【ネーヤ・記】

到着するなり、「何やってるんだ!」と怒鳴る。膝が痛くてしばらく来られなかったので、寂しかったのだろう。グレープフルーツやチーズを食べたら落ち着いた。

仕事仲間の人が来たか確認したのだが、来ていないという。本当に来ていないのか、それとも夫の記憶から消えたのか。確認のしようがない。受付でも記帳されていなかったので、来ていないのかな。明日は次女、来週は長女が来ることを伝えると「長女には2万円渡してくれ。交通費かかるだろ」だって! 頭の中が普通になっている! 左腕にポツポツと赤い湿疹ができている。看護師さんに薬を塗ってもらう。

夫「俺のパンツはどこ?」

私「オムツ穿いてるからパンツはいらないのよ」

夫「俺はパンツが穿きたいの!」

5月26日(土)

久々に行く。元気だが痩せたなと思う。でも、積極的に動こうとする気持ちがあるようで嬉しい。歯磨きも自分でやると言って立ち上がる。私が行くときは、そういう感じになってくれるのかなと思うと、頻度を増やさないといかんな。緑のポロシャツが似合う。散歩前にトイレに行ったら、紙パンツがずっしり。取り替えて、外へ。歩く気満タン。

昔の仕事仲間が見舞いに来るとか来ないとかの話をした。

「この中にコンビニはあるのか？　客人が来たときにお菓子とか用意しないとな」と言う。そういう意識はまだちゃんとあるのかと感心した。ネーヤから聞いていたので、常温保存で賞味期限も長い、とらやのようかん（ミニサイズで個包装の6本セット）を持って行った。1本食べさせた後、

「人が来たら、これを出せばいいと思うよ」と伝えて、ロッカーにしまう。

16時半、寝ると言う。

「カーテンも閉めて、布団もかけて」と言う。

まだ早いと思ったが、相当疲れた様子だった。目がしばしばしているので本当に眠かったんだと思う。

帰りにネーヤの家へ。行くたびに片付いていく家。断捨離にもほどがある。

ネーヤは足が痛いと言っていたが、薬が効いているようだ。カルシウムのサプリメントを飲ませよう。

5月27日(日)【ネーヤ・記】

食堂でおばあさんたちがひと騒動。ひとり、入れ歯がなくなったと訴えている。その横を「邪魔で車椅子で通れない」と、もうひとりが抗議。なんだか喧嘩になってしまったようだ。それを見たもうひとりが、手を叩いてはやし立てる。ベテランの男性スタッフさんが「そんなにはやし立てないの〜」とやんわり注意する。そこに、ユニットの男性リーダーが来て、「いないいないばぁ」とやったら、落ち着いた。不思議!

とらやのようかん、探したけれど、ない。くずかごの中にようかんの空き箱……。

電動の鼻毛カッターを鼻の中に入れたら「イタッ」と叫ぶ。そんなに痛いのかと思って、試しに自分の鼻の穴に入れてみたら、ちっとも痛くない。こうやって脅かすのよね。

※追記　基本的に、食べ物は部屋に置いてはいけないことになっている。隠しておいたのだが。まあちゃんが全部食べちゃったようだ。

でも5本あったはずなのに……。

5月29日(火)【ネーヤ・記】

ホームの周りを車椅子で散歩するも、坂道で膝がひどく痛くなったので、夫に歩いてもらいたいと伝えた。が、塀を頼りにしても、なかなか1歩が進まない。「腰が痛い」「足が痛い」と気力ゼロ！ 結局、車椅子に乗せて、全力で押す。もう坂道はやめよう。

午後、便が出ないというので、おなかの「丹田（へそ下三寸のツボ）」をさすると、そのまま昼寝。

トイレに行くも便も屁も出ない。しばし屁の話。

左腕の湿疹は完全に治った。

2018年6月　とにかくトイレが近いまあちゃん

6月1日(金)【ネーヤ・記】

「俺のひげそりが昨日からなくなった」と夫。スタッフさんに探してもらうと、浴室に。夫の話では、朝、目が覚めたら、横に男性（徘徊がひどい人）が寝ていたらしい。「あいつはいつでも入ってくる」と言う。

午後、日光浴のつもりで外に40分ほどいたら、夫の両腕が真っ赤になって、やけどしたような状態に。看護師さんから「弱いステロイド剤を塗って、直射日光を浴びたからでは」と言われる。紫外線が強くなってきたので直射日光は避けたほうがいいとのこと。

頭のてっぺんもかゆがっていたが、かくと皮がポロポロ剝けた。汚れたオムツをベッドの手すりにかけたり、尻を拭いた紙をゴミ箱に入れたり。認知症特有の動きがみられる。

毎食後、食事の感想を書いてほしいと機能訓練指導員さんから言われた夫。何を食べたか、聞いても答えられない夫には、無理な要望ではないかと思ったが、名前を書くだけでもいいとのこと。意味があるのかしらと疑問。

※追記 食事の感想を求められたのは、別に本当に感想を聞きたいのではなく、**機能回復訓練**の一環。意味はある。毎日文字を書くほうがいいだろうなと思っていたので、安心。

6月2日（土）【全員集合】

一度実家に集合して、全員で車で向かう。

まあちゃん、部屋に入って、ふてくされてた。でも、地獄が顔を見せると破顔一笑。大喜び。盆暮れ正月が一度に来た感じか。

メロンやグレープフルーツ、プリンなどを食べさせる。メロンの汁で口も手もダバダバにして、すごい勢いで貪り食うまあちゃん。水分不足なんじゃないかしら。

日差しが強くて外にあまり出られない。とりあえず日陰を歩かせるものの、あまり足に力が入らず。ネーヤを車椅子に乗せて押して歩くのは案外できるんだな。転倒が怖いけど。

部屋に戻って、足のマッサージ。気持ちよかったのか、よだれたらすまあちゃん。

もっと歩かせないとダメだ。1日20分立っていれば、寝たきりにはならないと聞いた。

ここでは、1日の間に20分も立っていないだろうなぁ。

6月3日(日)【ネーヤ・記】

長女と訪問。

夫は椅子に座って、首を長くして待っていた様子。ぶどうとびわを食べさせて、外へ。正味10分ほどの歩き。

ひとりのおばあさんが体調が悪いらしく、「病院へ行きたい」と言っていた。とてもつらそう。熱もあったようで、部屋に戻されていた。長女がおばあさんのために水を持ってきたり、甲斐甲斐しく助けていた。

※追記　地獄は基本、他人に優しい。まあちゃんやネーヤにはかなり塩対応で厳しいのに。

6月5日(火)【ネーヤ・記】

ベッドに座ってぼーっとしている夫。

何を話しかけても返事もなく、動作も緩慢。でも持参したトマトやナッツは食べる。トマトの汁を胸にボタボタとこぼす。「最近は眼鏡かけないの？」と聞くと、「ん？」と、今日初めてのお返事。意欲喪失しているみたい。

看護師さんが来て「昨日とおとといの2日間、下剤を飲ませた」と言う。おなかの調子を見てもらうとグルグル動いている様子。浣腸の準備をするという。その前に「出そうだ！」と言うので、慌ててトイレへ。すぐに便が出る。

そりゃ2回も下剤飲ませれば出るわな。私がいるときでよかった。オムツも尿でずっしり。身軽になったところで、外へ。

「ここにいると早死にする。ここを早く卒業しなきゃ。ますます歩けなくなるよ」

本当にここにいたくないのだ。夫の気持ちを思うと心が痛いが、困る！

6月6日（水）

部屋が尿臭い。

なんだろうと思って布団を見たら、端っこがしっとり濡れている。恐る恐る匂いを嗅ぐと尿臭。椅子のザブトンからも尿臭。なんでこんなにオシッコあちこちに…と思って、とりあえず部屋を掃除し、布団に消臭剤をぶっかけ、カバーを取り換えてもらう。

食堂にいるまあちゃんの足元も拭きに行ったら、ご本尊からも尿臭。気配りができるスタッフさんがトイレに誘導してくれる。どうやら服もオシッコまみれ。

ところが、「行きたくない！　したくないから行かない！」と強い口調で拒否ったまあちゃん。私がトイレに誘導し、服を全部取り換える。ズボンも靴下もシャツも脱がせたが、体から尿臭。そんな尿臭騒ぎで、今日は外へ運動しに行かず。入浴日でよかった。尿意コントロールがほとんどできない。尿で濡れて気持ちが悪いと思ってもそのままでいられる、それが認知症。着替えさせると「すみませんねぇ」と言う。

バナナ、そのまま渡しても食べないが、皮を剝いて渡したら食べやがる。食べ方を忘れているのか、甘えているのか。

ベッドに寝ていても見えるよう、壁には昔の写真を貼り付けてある。初代の猫が死んだときにまあちゃんが号泣したことを話すと、うっすら覚えている。

姉の地獄がシンガポールにいた頃の猫たちにも興味津々。私の愛猫の出自についても、立て続けに２回質問してきた。

「家に帰りたい」とぽつんとつぶやいた。

「家に帰って何をしたいの？」と聞くと「寝たい」と言う。

「じゃあここにいても同じだね」と返すと黙り込む。猫の話を再開して濁《にご》す私。

※追記　実家では過去、野良猫を3匹ほど引き取って飼っていた。

地獄はシンガポール時代に4匹、うち2匹は一緒に日本にやってきて、しばらくは実家で暮らしていた。**ロティとネネ**。まあちゃんもネーヤも、この2匹をとてもかわいがっていた。歴代、飼ってきた猫らの写真が、まあちゃんの部屋に貼ってあるのだ。

そして、現在、地獄は3匹の猫を飼っている。そのうち1匹が母のところに、年末から住み始めた。**コデッキ**というオス猫だ。家族4人はバラバラに住んでいるが、猫もその家を行ったり来たりという状態だ。

私の家には今年で20歳になるメス猫・**キクラゲ**がいる。誰にも懐かない孤高の女。まあちゃんもネーヤも、懐かない凶暴なキクラゲが嫌いである。

昨夜、夢をみた。

まあちゃんが便まみれになっている夢。詳細を忘れちゃったけど、ああこの世の果てだなと思った。なにか予知夢のようなものだったのかもしれず。

6月7日（木）【ネーヤ・記】

ポータブルトイレの消臭液は自前。このユニットでポータブルトイレを使用しているのはふたりだけ。「こちらで用意するとお高くなってしまうので、安いところがあったら買ってください」とスタッフさんに言われた。買いに行かなくちゃ。
夫があまりに家に帰りたいというので、事務所に相談。「日帰りなら大丈夫です」とのこと。その話を伝えると、嬉しそうな顔をした。

6月9日(土)【ネーヤ・記】

昼食をはさんで合計4回トイレに連れていくが、出ず。5回目で大量に出る。身が軽くなったのか、外に出ると言って靴を履き出した。散歩後、夫の足裏とふくらはぎをマッサージしたら、私の両手の骨が痛み出した。最近、力を入れると、骨がきしむようになった。やがて私も車椅子かもしれない。とにかくトイレが近い。1分と経たないうちに行きたがるし、毎回オムツも濡れている。見知らぬ本が部屋にある。スタッフさんが貸してくれたらしい。夫がまだ本を読めると思っているようだ。

6月11日(月)

私が到着すると驚いていた。
部屋はそんなにひどくなかったが、なぜかベッドが床すれすれまで下がっていた。わけわからずにリモコンを押したと思われる。トイレに行ったら、もう紙パンツぐっちょり。

ズボンまでしみていたので穿き替えさせる。尿取りパッドもつけたほうがいい。紙パンツだけでは足りなくて、外に漏れてるんだと思う。必ずパッドを。

外で歩かせた後、パイナップルを食べさせて、少しベッドで眠らせる。ホットタオル清拭。つっても体は拭いてない。顔・首・頭・手脚のみ。そこそこ気持ちがよさそう。

6月12日(火)【ネーヤ・記】

つくと、食堂の椅子で「く」の字になって眠っていた。

「おはよう」と声をかけると、「どなたですか?」と言う夫。

米朝会談の歴史的な日。テレビを観たかったが、入居者のおばあさんにつかまって、しばらくいろいろな話を聞く。午後、多床室のほうで演奏会が行われていた。これからはお楽しみ会などのイベントも増えるらしい。

6月14日(木)

前回の尿騒動があったので、ひとまず漏れてないかニオイを嗅ぐのが習慣になってきた。外へ行って歩かせた後、車椅子でホームの外周をぐるりと回る。

車椅子に乗せて押していると、以前より軽くなったような気がする。しばし散歩して、敷地内に戻り、再び歩かせる。へとへとに疲れさせる。トイレに行くと、ウンコをちびっていた。ただし、パッドのおかげで漏れずに内部に収まっていた。パッド、サンキュー！

今日は訪問マッサージの日。ベッドの上でぐにゃんぐにゃんと動かされる姿を見ると、案外、可動域は広いんだなと思った。腰椎の3番目あたり、足の三里というツボも押すといいと教えてもらう。でも私たちがやると「痛い！」と言いそうだ。軽口叩きながらマッサージをうけるまあちゃん。

しかし、施術中に屁をひる。先生は「いつもお土産いただいてます」と笑う。まあちゃんは「ニオイつき、ね」と。先生も手慣れたもんだ。

その後、何するでもなく、スイカとキウイを食べさせるも、冷たくて歯にしみるという。冷凍して持っていったから。冷やしすぎはよくないと気づく。

6月16日(土)【ネーヤ・記】

長女と訪問。

新聞とメロンを持参。かぶりついて、うまそうに、一気に食べる。

長女がノートに夫の絵を描く。悪意たっぷりだが、本当に似ている。

6月19日(火)

77歳という人に関心がいくようになった。

芸能人でも事件の加害者でも被害者でも、70代後半と聞くと、つい父と比べてしまう。謎の死を遂げた紀州のドン・ファンも同じ年。週刊誌によれば、ドン・ファンも結構盛大に便を漏らしていたようで。

以前は70代に何の感慨もなかった。無関心に近い存在だったのに。この世代が朽《く》ちていくのを目の当たりにする日々。といっても、今日は行っていない。ネーヤが行っている。

6月19日(火)【ネーヤ・記】

食堂でゆったりと新聞を読んで（読むフリをして）くつろいでいる夫の姿を見て、やはり入所3か月のゆとりなのだろう、と安心した。

午後はアコーディオン演奏会。

「携帯ラジオ、新しい電池を入れたのに電源が入らない、壊れた」と言い張る夫。やり方がわからなくなった様子。足は相変わらずブルブルと震える。

6月25日(月)【ネーヤ・記】

私「夏は暑いから、しょっちゅうは来られないよ」
夫「だから家に帰るんだよ。こんなとこにいたら死んじゃうよ。自殺するしかないな」
私「外に出られないんだから自殺なんて無理よ」
夫「2階に上がって飛び降りればいいんだ」
私「2階では無理よ。10階以上でなきゃ死ねないよ」

つらい気持ちを古女房にぶつけてくる心情を思うと、家に連れて帰りたいという気持ちにもなるが、人生の終末期をどこでどうやって過ごすか、考えても結論は出ない。

※追記　エレベーターのボタンは長押しで、まあちゃんはひとりで2階に上がることはできない。でも、自殺などと不穏な言葉を口にし始めたのかと思うと、相当ストレスがたまっているのだろう。ぶつけられるネーヤの精神力が問題に。

6月27日(水)【ネーヤ・記】
長女が1泊で来る。
長女の運転する車でホームへ。夫は入浴中だった。
トマトやグレープフルーツを食べさせる。
汁を飛ばしながらあっという間にたいらげる。

6月28日(木)【ネーヤ&地獄・記】

長女と訪問。

部屋にいないので探すと、トイレにいた。便が出たという。

部屋の床がびしょ濡れ。着ていたシャツもびしょ濡れで、ポータブルトイレの上に脱ぎ散らかしてある。靴も靴下も濡れている。尿でぐしょぐしょになったオムツはゴミ箱の中に入っていた。

惨憺たる状態。

いつも歯磨き粉をつけるのを嫌がるまあちゃん。歯磨き粉をつけた歯ブラシを渡すと、「多すぎる!」「俺、これイヤなんだよ!」と拒否るのだが、今日は抵抗せずすんなり歯を磨いた(ノートにはイラストが描いてある)。

6月30日（土）【ネーヤ・記】

キュウリ、トマト、赤ピーマン、チーズを立て続けに食べさせる。落ち着いている様子。

静かに新聞を読んでいる、と思ったら居眠りこいていた。

11時、トイレに行きたいと立ち上がったら、紺色のズボンの尻部分がびしょ濡れに。

オムツも小便吸って重い！

スタッフさんが短冊とペンを持ってきて、「七夕なので願い事を書いてください」と言う。

夫は「早く家に帰りたい」と斜めに書き、笹に吊《つ》るした。

日帰りで自宅に戻る話、スタッフさんは「事務所を通せば1泊もＯＫ」と教えてくれた。

※追記　じわじわとネーヤが罪悪感を募らせている。自殺という言葉といい、七夕の願い事といい、まあちゃんの募る思いをどう受け流せるか。

2018年7月　あふれ出す便・便・便

7月2日(月)

元気がない。便が出てないせいだった。

トイレには尿がたまっていた。ポータブルトイレの周りにも尿がこぼれていた。しかし、部屋にトイレがあるって異様だ。通常の神経では考えられない。でも、まあちゃんは平気だ。むしろトイレがあることが安心につながる。

暑いので日陰で歩行訓練。が、元気がないし覇気がない。小便したいというので、渋々戻る。尿も便も出ない状態。足湯をするも熱いと言って5分しか足をつけられず。仕方ないので足マッサージ。右足を終わったところで看護師さんが来て、便が5日間出ていないので浣腸しますとのこと。「もっと後にしますか?」と言われて、ちょっと意味がわからなかった。看護師さんは「便の後始末が大変だから、ご家族が帰ってからにしますか?」と気遣ってくれたのだ。

便の後始末がどれだけ大変か、この後イヤと言うほど知ることに。

ベッドの上で横になったまま、浣腸。本来なら腸内に浣腸液が回るまで少し我慢をしなければいけないのだが、まあちゃんはまったく我慢できず。1分もしないうちにビリビリビリーッと音がして、部屋中が猛烈にくさくなった。「もう出ちゃった……」という。立たせて、トイレへ行こうとしたら、ズボンの裾からボタボタと便が流れ落ちる。溶岩流のように足を伝うのにびっくりした。手で受けとめようにも間に合わず床へ。

♪あふれ出す便・便・便、服にも靴下にも便・便・便、靴にも床にも便・便・便
（ここはエレキギターによるハードロック調か、津軽三味線の音色を想像してください）

パニックだった。ひとまずトイレへヨチヨチ歩きのまあちゃんを連れていく。紙パンツをおろしたときに、「ああこれが地獄の釜《かま》のフタ」と思った。

強烈なニオイに呼吸が止まって、死ぬかと思った。

脱がせるも尻っぺたから太ももの裏、足首までべったりとついている。当然、座らせた便座も便で汚してしまった。さすがの紙パンツも5日分の便は吸収できず。

とにかくまあちゃんの下半身は便まみれ。

大きめの不織布を水で濡らし、体についた便を拭って、便座も拭って、私の左手の指にも便がついた。泣きたい。まあちゃんは「すみませんねぇ」と2回も言った。自分ではどうしようもないんだ。それはわかっているんだ。「いいの、いいの」と言いながら、きっと私は鬼の形相だったに違いない。

立たせて、たるんだ尻を覗くと、べったりと便が付いた奥に、陰嚢がうつろにぶらさがっていて、ウツボカズラみたいだなと思った。でも、ここが私の源なのか、と原点回帰で現実逃避。足や太ももは全部拭いたが、肛門付近を拭く勇気がどうしても出ない。優しくて気が利く若い女性介護士さんが助けにきてくれたので、拭いてもらう。尻を拭くときは立たせて、尻っぺたを少し左右に広げて拭くと教わる。

その間、もうひとりの介護士さんは部屋の床のウンコを掃除して消臭剤を撒いてくれた。騒動の後、スッキリした顔のまあちゃん。便が出ていないと気持ちがふさぐんだな。

多床室のほうでアコーディオン演奏をやっていたので参加する。「我は海の子」など唱歌が多い。が、「あざみの歌」はまあちゃんも大きな声で歌う。曲のレパートリーが少ないが、ボランティアで来てくださっているのだろう。新宿にいるギターの流しとはわけが違う。案外、老人たちも知っている曲のときは大声で歌っている。と思ってたら、トイレに行きたいと言うので、急いでユニットへ戻る。残り便が出ていた。

ダジャレもいくつか出たが、とにかくウンコ騒動でどっと疲れた。帰り際に便騒動で助けてくれた介護士さんと話し込む。本当に優しくていい人だ。よく働き、よく目が届く。

※追記 思い込みなのだが、手がいつまで経ってもウンコくさいような気がした。手どころか全身にしみついたような。つくづく自宅介護をしている人はすごいなあと思った。

知り合いから聞いた話だが、父親を自宅で介護している女性がいて、便秘になったときは摘便もするという。肛門から硬くなった便を指で掻《か》き出す、ってやつだ。もうホスピタリティとか親孝行を超えた、ある種のプレイではないかと思う。自分には絶対に無理。

この便騒動で思い出したことがある。おじいちゃん（母の父親）は病気で入院していたのだが、最終的には認知症のような状態になり、ウンコを投げてきたという話だ。まあちゃんも投げてきたらどうしよう。いや、下剤を使っているので液状だ。つかめないし投げられないはず。でも、なすりつけてくる可能性は大だ。心しておこう。

7月4日(水)【ネーヤ・記】

髪がすっきり短くなって、らっきょうみたいな頭だ。

前立腺の薬は朝夕1錠ずつ飲んでいる。

それにしても尿の出方がすごい。

夜中はどうしているやら。聞いてもまともな返事はないので心配だ。入居者の奥さんと話をした。「認知症の家族が集う喫茶店があるので、今度行きましょう」ということで、連絡先を交換。

※追記　ネーヤは「認知症」と書くときにいつも「認痴症」と間違える。痴呆という蔑称のイメージが強く残っているのだろうか。どんどんおかしくなっていく夫の姿を見て、痴の字のほうがふさわしいと思っているのだろうか。頭をらっきょうにしたのは、ほかならぬネーヤである。ヘアカット代を節約するためだ。慣れない手つきで切っていくうちに、どんどん短くなり、最終的にらっきょうになったのである。

7月8日(日)

午後に到着。食堂は閑散としていた。みんな暑くて、各自の部屋に入っちゃったようで。

まあちゃんは冷房がガンガンきいた部屋で、布団にくるまってた。

つうか、髪の毛がない！　あまりに短い坊主頭なので、びっくりした。

でもスッキリしていてよいと思う。Tシャツ、前後逆に着ていた。胸ポケットが後ろに。

「誰も来ないから」とまず恨み節炸裂。3日間誰も来ないとスネる、スネる。

「午前中に看護師が浣腸するって言ってた」と言う。妄想かなと思って聞いたら、本当にそうだった。なんか、私の来た日に限って浣腸デー……。でも今日はお風呂もあるので、浣腸→便を出し切って入浴、スッキリという理想的な流れだ。

今日の浣腸はこの前のとは異なる液体だった。1分もしないうちに出ると言うので、すぐにポータブルに座らせる。座った途端にブビビ。前回のようなスッキリ感はなかったようだが、とにかくモンキーバナナ6本分は出た。多少スッキリした様子。

そして、入浴。

風呂から帰ってきたら、スイカをモリモリ食う。そして小魚を1匹ずつ食わせる。猫みたい。可愛い。なんか子育てに近い感覚を得ているんだよな、私も。

「そろそろ俺も携帯電話を買おうかな」と前と同じことを言う。「誰にかけるの？」「家に決まってるだろ」「それで愛しいネーヤを呼び出すの？」と言うと笑っていた。

帰りに実家へ寄る。

ネーヤ、予期不安と妄想に苛まれておる。泥棒に入られたらどうしようだの、ひとりでいるときに地震が起きたらどうしようだの、地獄と一緒に住むことになったら猫3匹はどうするだの、ログを売るにもお父さんの許諾がないと無理だの、考えても始まらないことを考えては自ら動悸を激しくしている。その悪い癖やめたほうがいい。

近所の老人福祉センターで書道などをやっているらしく、ちょっと行く気になってる様子。そうそう、余計な妄想をしないで済むよう、楽しいことを増やすしかない。

7月10日(火)【ネーヤ・記】

先週の木曜日、訪問マッサージが来なかったと言い張る夫。6月分の支払いを済ませたし、領収書も見せたが納得せず、強情に言い張る。「嫁に財布を盗まれた」と言い張るボケばあさんと同じ状況。勘違いをそのまま真実と思いこむ様子を目の当たりに。

突然「来月、韓国へ行こうか」という。

私「何しに?」

夫「旅行だよ」

私「車椅子で?」
夫「…………」

「今、旅行に行きたいとは思わない」と言うと、黙ってしまった夫。

午後。まもなく訪問マッサージの先生が来るので、冷房を入れると、

「誰が来るの?　何しに来るの?　訪問マッサージって誰?」

トンチンカン発言が見事な日だった。

7月13日(金)【ネーヤ・記】

昨日、夫が転倒したそうだ。その際、テーブルに接触したらしく、天板が割れてしまったという。

事細かに顚末を説明してくれるケアマネージャー。スタッフさんも全員揃って、謝ってくれる。私の手作りのテーブルだったので、余計に。それにしても謝り方がすごい。かえって恐縮してしまう。

腹がかゆいというので見てみると、乳の下一帯が赤くなっていた。ステロイド剤を塗ると治まる。

その後、水で濡らしたタオルで拭いてやると、かゆみも赤みも引いた。

※追記　案の定というか想定内。いつか必ず壊れると思っていたので驚きはしない。

7月17日（火）【ネーヤ・記】

「便は2週間出ていない」と言う夫。それはないと思う。

最近、妹が小2のとき亡くなったことをよく思い出すという。

夫が小5のときの話だ。

「お盆前に長女が車で迎えに来て、自宅に帰れるよ」と言うと嬉しそう。カレンダーの日にちを示したが、納得していない様子。先日、訪問マッサージが来ていないと言い張った件もある。

先生と相談して、来訪日はカレンダーに斜線を入れてくれることに。

待望のウンコ、大量に出る。小さいバナナ5〜6本ってとこかしら。介護士さんに報告。

「ここで死ぬしかないな」と切なそうに言う。

7月21日(土)

まあちゃんの妹の話、再び。詳しく聞いてみると、こういうことだ。

まあちゃんには3歳下の妹・静子がいた。

彼女は心臓が弱く、6歳で亡くなった。

その死に際を急に思い出したという。布団に寝ている静子を囲んで、家族が集まった場面だ。

「静子が最期に言ったのが『あった』『あった』だったんだよ」

あった、というのは家族が最期に全員集まっている、という意味のようだ。なぜその場面を思い出すのかはわからないという。家族全員集まる=最期、ということか。

「うちも全員が集まったら、まあちゃんが死ぬってこと？　早速集まってみる？」

と笑い話にしようと思ったが、やめといた。冗談にならない。

7月24日(火)【ネーヤと私のW登板で担当者会議】

初めての担当者会議。まあちゃんはベッドに寝ていて、ネーヤは何もしていない。顔拭いて歯磨かせて、ちょっとだけ2階を歩かせる。夏場は外に出て歩くよりもいいと気づいた。これからは2階を歩かせよう。手すりもあるし。

で、会議。看護師、機能訓練指導員、介護士、管理栄養士、ケアマネージャー、ネーヤと私で。便秘が問題だということは共通認識として全員把握。水分摂取量を増やすこと、牛乳や乳酸菌飲料も増やす予定だとか。

基本的には良眠とのこと。ただ、ポータブルトイレに足をかけたり、座ったまま寝ていたりすることもあるそうだ。朝方の排尿量が多いとのこと。昼間、家族がいない日は部屋に引きこもっていることも多く、本当はもっと食堂に出てきてほしいという。

また、「今日は帰る日なんだ」「家に電話してほしい」と言うことがあったという。

入所時77・１kg、一時期80kg台に入ったが、６月７月で75kg台をキープ。引き続き１日１５００ｋｃａｌでいくとのこと。それでもちょっと肥満だってさ。とりあえず良好な状態であることは確か。でもまあ老いは確実に。自力でできることが減っていくのは仕方がない。

８月６日に１泊で自宅へ戻す計画を話す。ネーヤが「車椅子はいらない」と言い張るが、私は絶対必要だと思ったので、ケアマネさんと介護士さんにアイコンタクトで説得を頼む。ネーヤ、渋るも最後は承知した。

腹がかゆいというまあちゃん。ネーヤに優しく触れてほしいだけなのではないかと訝《いぶか》る。

7月27日（金）【ネーヤ・記】

夫がユニットを出て、事務所のほうまで歩いてきたらしい。「今日家に帰る日なので、電話を貸してほしい」と言ったそうだ。日にちや曜日の感覚が混沌としているし、ホームと自宅とログも混同している様子。話がかみ合わなくて情けなくなる。カレンダーに自らの手で赤丸をつけさせた。自宅に帰る日を心待ちにしているのがわかる。

帰る間際、バスの時間を見ていると、「一緒に連れて行って」と言う。一緒に帰るつもりらしい。靴を履き出した。どうしよう！

2018年8月　さびしくてさびしくて！

8月5日(日)

久々。暑い。まあちゃんは食堂にいた。満面の笑顔になる。ちょっと歩かせようと思って、ロビーのほうまで行ったが、足がぶるぶる震えてダメだった。

看護師さんに浣腸をしてもらい、すぐにトイレへ。ビーッと薬剤だけが出てスッキリしないという。なぜなら2日前に便が出ているから。浣腸はある程度ためてからのほうが快感は強いようだ。

桃を剝いて食べさせる。水ようかんもおいしかったみたい。明日から自宅お泊りだ。

私「明日食べたいモノある？　言ってよ、買っていくから」

父「いいよ。そういう贅沢は。貧乏人らしく」

欲がないのか、食べたいモノを思い出せないのか。

8月6日(月)【1泊2日の自宅お泊り】

冷やし中華、メロン、うふプリンにチーズケーキ、とにかく食べ続けるまあちゃん。

おなかがどんどん膨れていく。トイレに頻繁に行くも、紙パンツをおろす前からじょろじょろと漏れる。尿意が迷子。脳と膀胱の連携がうまく行ってない感じ。

夜はナスとピーマンと肉炒め。うまい。

ネーヤも久々に大人数の飯を作るもんだから、はりきるはりきる。

NHK BS1の再放送『在宅死』を家族4人で観る（まあちゃんは半分虚《うつ》ろ）。全盲の娘がひとりで末期がんの父を看取る家、52歳子宮がんの娘を看取る77歳母。親を看取る子だけではない。子を看取る親という逆転現象もあるのだ。看取りについて考え始める。

ネーヤが切り出した。

「医療措置を受けるか、受けないか」の本人の確認。病院には行かず、ホームか自宅で看取ることに同意。丸をつけて渡す。

そして、ログの問題もまあちゃんに話す。今は地獄が住んでいるが、いつまでも住んではいられない。ゆくゆくは地獄とネーヤが同居し、ログは売るという話だ。「地獄に任せていい？」と聞くと、素直に「うん」と言う。わかっていたかどうかは不明だが、長女に任せることで受諾。今回のタスクはこの2点だったので、スムーズにいってよかった。

夜中、音で起きたら、まあちゃんがトイレへ。尿意で起きちゃうのは老人の特性。つらいだろうな。かゆみや尿意は我慢しきれないだろうし。

※追記　まあちゃん同様、ホームに入居する男性が事務所に来て、「家に電話をかけさせてほしい」と懇願するシーンを見たというネーヤ。妻が来ない日に不安定になる夫、うちだけじゃないんだね。ケアマネさんがどう対応するか見ていたら、「○○さん、奥さんもたまにはお休みさせてあげてくださいよ～」的な言葉で、実にうまくかわしていたという。さすが。そうしたら、そのじいさん「みんなグルになりやがって！」と叫んでいたらしい。

8月10日(金)【ネーヤ・記】

スタッフさんは飲み物を出してくれる。コーヒーかお茶か、何がいいか、と尋ねてくれるのだが、夫はいつも「どっちでもいい」と言う。決められないし、「ありがとう」も言わない。自分で考えることを放棄した様子。次女に電話しろ、という。「何のために？」と聞くと、「君津で同級生が皮膚科をやっているから、そこの休診日を聞いてもらいたい」とのこと。体がかゆいのは相変わらず。それで皮膚科に行かなきゃと思ったらしい。

昨日、入居者の男性が夫の部屋に入ってきて、洗面台で放尿したという。夫の歯ブラシにもひっかけたので、新しいものに替えたとのことをスタッフさんから聞く。

8月12日(日)

お盆渋滞のせいで、バスが全然来ない。いつもなら30分のところ、1時間かかった。「だーれも来ないから、さびしくてさびしくて！」と笑ったような、泣きそうな顔で開口一番訴えるまあちゃん。

「ネーヤが2日前に来たでしょ」と言っても覚えていない。

そういえば、今朝6時ごろに転んだと言う。「頭と尻を打ったんだ」と。しかも自分で起き上がったと言うので、違うなと気づく。自分で立ち上がれるわけがない。「転んでも誰も来てくれないから」と言う。

介護士さんに確認したが、そういう申し送りはないようだ。

妄想か現実か。

でも尻が痛いとしつこいので、その点だけ介護士さんに伝えておく。

おならが妙にくさい。トイレへ連れて行くと、案の定、紙パンツ内にべっとり。

でも紙パンツ内にすべて収まってた。ホッ。不織布で尻を拭いてやる。陰嚢から肛門まで便まみれ。ウォシュレットで尻を洗うと「さわやか」と笑顔のまあちゃん。

というか、まあちゃんの糞を見ても、もうたじろがなくなった自分を褒めてあげたい。

人間は成長する生き物だ。これをノートに書くときに、「糞」の字が一瞬わからなくなったので、まあちゃんに聞いたら、「コメが異なる、だよ」と即答。

君津の同級生がやってる皮膚科の件。帰ったらパソコンで調べてくれ、と言う。休診日を知りたいと。自分が君津にいると思っているようだ。そして、私が君津に住んでいると思っている。まあちゃんの心が君津に帰っている。船橋じゃないんだ。

今日のダジャレ。「おいものプリン持ってきたよ」というと、「老いも若きもね」。

うまい。

ネーヤに報告の電話をすると、絶賛断捨離中。私の母子手帳まで今度渡すという。

もうあなたには必要がないモノなのね……。

8月15日(水)【ネーヤ・記】

椅子に腰をおろすと、「ケツが痛い」という。やたらとズボンをおろして「見て」と言うも、傷やあざもない。「異常なし」と尻っぺたを撫でてやると安心している様子。かゆいと言う。左腕と背中が真っ赤に。看護師さんに薬を塗ってもらう。

8月19日(日)

到着時、食堂で立っていた。「退院手続きをしようと思って」と言う。よっぽど寂しかったらしい。「ネーヤが来ないんだ」とも。

隣のユニットでカラオケ大会。まあちゃんも車椅子で連れていくが、マイクは持たず。が、三橋美智也《みはしみちや》「古城」はコブシ回して歌っていた。「ここの連中のカラオケは下手くそだ。俺が一番うまいのは言うまでもない」とのこと。本当はマイクを持って歌いたいのね。ポータブルトイレで用を足すまあちゃん。窓のカーテン全開だと外から丸見えになるのだが、「カーテン閉める?」と聞くと、「絶景かな、絶景かな」と五右衛門気分。上機嫌。

8月21日(火)【ネーヤ・記】

2階で歩かせようとしたが、廊下を一往復した後、足が震えて歩けない。「ケツがかゆい」

と言うので、「トイレのウォシュレットで洗えば？」と返す。「肛門じゃなくてケツッペタだ」という。幸い、2階の廊下に誰もいなかったので、ズボンに手を突っ込んで、掻いてやるとウットリしている。変な光景！

食堂のテレビで甲子園決勝を観ているとき、見知らぬ長身の男性が夫の部屋に入っていって立てこもる。すぐにスタッフさんが5〜6人追いかけてきて連れ去った。多床室の入居者で、行動が暴力的な認知症の人。これで3回目だという。びっくりした。

8月25日(土)

部屋が小便くさい。でも漏れているワケでもなし、紙パンツもキレイ。

ところが、盛大に屁を3連発。具が出たんじゃないかとドキドキするが、実弾じゃなくて「空砲」だと言う。「食うほう」にもかけたのか。ダジャレ連発。テレビは食堂にあるが、部屋にはない。

父「チャンネル権をもって自分で選びたい」

私「リモコンがあるテーブルなのだから、自分で変えればいいじゃない？」

父「周りの人に気を遣うのがイヤだし、そういうことはやりたくない。たまにこの番組がいいなあと思っていても、他の人が変えちゃうんだ」

私「部屋に小さいテレビがあったら観る？　だったら持ってくるよ」

父「いや、いいよ。今月いっぱいで帰るから」

帰らねーけどな。入所した頃はテレビは不要と言っていたが、持ってくることにした。

今日はアコーディオン演奏。まあちゃんは「くちなしの花」「みちづれ」などを好む。1時間くらいいいたが、ずっと歌っていた。

8月28日(火)【ネーヤ・記】

携帯ラジオが壊れた。

夫が携帯ラジオをいじっている姿を見るたびに、あれではすぐに壊れるだろうなと思っていたら現実になった。指が当たったところを押しまくる。そりゃ壊れるよね。少し涼しくなったので、3か月ぶりに車椅子で外を散歩する。住宅街の家々の庭には、柿、いちじく、みかん、ぶどう。私は汗だくだく。午後、訪問マッサージ。夫は「何にもならないから断れ！」と言う。「今月いっぱいで帰るから」とも言う。

黒南風《くろはえ》や　いち日疼く　ひざ頭

※追記　まあちゃん、「今月いっぱいで帰る病」を発症。

ネーヤ、俳句を詠み始める。

8月30日（木）【ネーヤ・記】

携帯ラジオを買って、急遽届けに来た。

ビックカメラで1万1270円。高くてもどうせあらゆるボタンを押しまくるので壊れるのはわかっていたが、喜ぶ顔が見たくて、思い切った。

案の定、夫は「そんなにするのか！」。

午後、いびきをかいて眠っていたが、息するたび「カッカッカッ」と妙な音を立てていた。以前、長女が飼っていた猫が同じような音を出していたことを思い出す。窓の外の小鳥の大群を見て、威嚇《いかく》していたときに発していた音と同じだ。あの頃が懐かしい！

2018年9月　まあちゃん15年間の記憶をなくす

9月6日(木)【ネーヤ・記】

食堂で新聞を読んでくつろいでいた夫。

「忘れなかったのね」と言う。

昨日浣腸をしたら漏れた、と話すので介護士さんに確認。ポータブルトイレと衣服を汚したとのこと。すぐに入浴だったので、全部洗いましたとのことだった。

「潮はいつ来るんだ？　俺も家に帰るから」と言う。

次女がタイ旅行に行く話を伝える。

「帰る」としつこく言うので、「車もないし、買い物も病院に月1回連れて行くのも大変。74歳の私には無理なのよ」と言うと、「要するにラクしたいのね」とぬかした。

また、

「お前、どこで寝てるの？　夜になるとお前がいないんだもの」

と夫。私もここに住んでいると思っているらしい。

9月8日(土)

「首を長くして待ってた」「タイはいつ行くんだ」「どれくらい行ってるんだ」「今日は何時に家を出たんだ」などと同じ質問を繰り返すこと10回くらい。もう慣れた。

8月末にタブレットを購入。まあちゃんに動画や写真を見せようと思ったのだ。猫動画を見せたが、やたらと画面を触ろうとする。反応はするが、長尺のものは飽きてしまう。

何度も何度も尿意。そのたびにトイレへ連れていくも、たいして出ない。脳と膀胱の連係プレーがうまくいってない様子。耳もみ体操のやり方、コピーを壁に貼っておく。

帰りに実家に寄る。ネーヤの誕生日。

もう家に戻そうとは思っていないことを確認。が、地獄の協力を乞い、2泊3日お泊りをするらしい。

ハレとケが必要。私はケを担当しよう。

9月14日(金)【ネーヤ・記】

次女、タイ旅行へ出発。トイレへ行くと、オムツ真っ黄色。

午前、便大量に出る。

スッキリして、昼食。

食べている最中にまたトイレへ行こうとする。トイレに行ったら、オムツに追加の便がべったり。どんだけ出るの？

介護士さんに聞いたら、昨日もポータブルトイレに山盛り出ていたとのこと。お世話かけます、と頭を下げる。かゆいところをタオルでゴシゴシ、耳もみ体操もやってみた。

9月17日(月)【敬老会：ネーヤ・記】

到着すると、女性の介護士さんが汗だくになっている。夫が無理難題を言い、少し暴力的になっているという。本人に聞くと、

「市の広報紙がない。載っていたモンゴルの講演会の申し込みができない！」

という。講演会に行くと言って聞かない。小便も漏らしたので、靴を洗ってもらった。

昼食は敬老の日のお祝い膳。赤飯や鯛の塩焼き、天ぷらなど。私も料金を払っていただく。ほかにもご家族が来ている。とにかく大勢でにぎやか。おばあさんたちも心なしかはしゃいでいる。味は薄いが、鯛の塩焼きが美味。午後はスタッフさん総出でてんやわんやのイベント。ソーラン踊りは圧巻だった。喜寿の祝いに花束と村上春樹の本を4冊もらう。

9月19日(水)〜21日(金)【2泊3日の自宅お泊り】

まあちゃん自宅へ。てんやわんやで記録なし。
私はタイでバカンス満喫。

9月24日(月)【ネーヤ・記】

「次女が最近寄り付かない」と言う。タイから帰ってきて仕事が忙しいと何度も伝える。以前、夫が仕事でお付き合いをしていた方が、今は市長になられている。お見舞いに来るという。夫は何度も日にちを聞く。そして「お茶を出さなきゃな」と心配している。

9月28日(金)【ネーヤ・記】

夫の高校のときの同級生から連絡があった。お見舞いに来るという。その旨を伝える。私の顔を見れば「かいぃ、かいぃ」と言う。体がかゆくて、搔き続けるので赤くなっている。冷たいタオルでこすると落ち着く。ホームでは靴下も靴も履きっぱなしなので、水虫がなかなか治らない。5本指ソックスがいいと看護師さんから言われる。

9月29日(土)

3週間ぶりにホームへ。本当は明日が入浴だけど、市長が来るから、今日入れてもらう。その前に浣腸も。でも薬剤がいきわたる前に出ちゃう。我慢できないんだな、もう。

明日いらっしゃる市長の話をしても、まあちゃんは彼のことを秘書課課長だと思っている。何度言ってもわからない。そして、前市長を現市長だと言い張る。

つまり、ここ15年の記憶がすっぽり抜けているのだ。

自分はまだ60代だと思っているし、市長選挙も何度もあったのに、まったく覚えがないという。そんな状態で会って、大丈夫だろうか。

ネーヤのところへ立ち寄る。

「明日は台風だから私は行かない」と言い切る。市長が来るのに誰もいないとまずい。私が行かなきゃダメだなと思った。

9月30日(日)

昼過ぎ、13時頃に到着。

ネーヤも来てた。行かないって言ってたのに！

入り口で市長と会う。秘書を連れていて偉ぶらないし、とても気さく。私のことを長女だと思っている。２階の会議室を使わせてもらい、しばし歓談。昔話と現状。まあちゃん、会話の途中でスイートポテトをむしゃむしゃ食べ始める。ＴＨＥ認知症。市長はまあちゃんに「昔大変お世話になった」と話してくれた。

まあちゃん、対外的に長女の話だけはしていたらしい。

市長もその話を覚えている。シンガポールに住んでいるなんて、華やかに聞こえる話だもんな。私はいないものになっていたと知る。きっとまあちゃんは、死ぬ間際に私のことなんか忘れちゃうんだろうな。

市長もまあちゃんの認知症をうっすら把握しつつ、まさかのツッコミを展開。

「ご夫婦のなれそめは？」

すごい直球ぶちこんできやがる！　ネーヤ、口ごもる。

「お互いに旅行が好きで」という話で濁す。秘書の人も徹底してしゃべらず。ああ、こういう人が秘密を守って悪事をすべて被るのねと思った。

市長が帰った直後、「いつ市長は来るんだ？」と聞く。まだ秘書課課長だと思っている。さっきいらしたのが現市長なのだと理解していない。まったく。

実家に寄る。

まあちゃんのクレジットカードを解約しなかったせいで、また年会費１万円とられると文句を言うネーヤ。このカードからインターネット代などが引き落とされているので、まずはそれぞれの口座の振替手続きが必要。ところが、プロバイダのパスワードがわからないという。再発行して、口座振替の手続きをした。

私は18時42分のバスで帰る。ガラガラ。ほぼ貸し切り状態。みんな台風に敏感だね。

2018年10月　ネーヤ恋しくて徘徊が始まる

10月4日(木)【ネーヤ・記】

夫が『週刊新潮』と『週刊文春』を買ってきてと言うので、近所のスーパーへ。スーパーには雑誌がない。

仕方なく10分ほど歩いてセブンイレブンへ。往復50分かけて汗だく。

体重73・5kg　8月には72・8kgだったので、700g増えた。私らが来て、甘いモノや果物を食べさせるからだよね。

次女の同級生の男子の名前を憶えている。いつになくダジャレが多い。

※追記　私ですら忘れていた。同じマンションに住んでいた、小学校・中学校の同級生。なぜまあちゃんがフルネームで覚えていたのかは不明。

10月6日(土)

夜に徘徊が始まったのかもしれないと思うことがあった。

外履きの靴が出ていたので、どうしたのか聞いたら、「ネーヤの部屋に行こうと思って」と言う。でもどこにいるのかわからなかったと。

ネーヤが恋しくて探しているのだ。

スタッフさんに聞いたところ、やはり夜中に事務所まで歩いて行ったらしい。夜間にそういう動きがあるのかと思うと、不穏。

外出予定は、まあちゃんの勘違いが増えるきっかけになるのかもしれない。自宅お泊りの日が近くなると、「今日家に帰るんだ」とスタッフさんにも言うらしい。頭の中で予定が混乱する。たびたび帰るのはあまりよくないのだろうか。

入居している女性からまあちゃんの様子を教えてもらった。

「お父さん、最近、足の調子が悪いみたいよ。あと、お箸を使わないでスプーンを使って食べている」と。

スタッフさんよりもよっぽど見てくれているんだな。感謝。私は彼女が大好き。

まあちゃんはあまり元気がない。

ものすごくのどが渇いていたと思われるが、自分で渇きを訴えないのは問題だ。スタッフさんに言えばいいのに、言わない。言えない。

部屋を掃除して、久しぶりに外へ。暑い。汗だく。まあちゃんは風を受けて気持ちよさそうだったと思いたい。目を閉じていたけれど。ホームの庭に柿が落ちていたので、盗む。

一応、事務所のスタッフさんにも申告したので、泥棒ではないのだが。

まあちゃん、庭の柿を観て、一瞬、止まる。20秒以上動かなくなった。死んだのかと思ってびっくりした。声をかけたら、正気に戻ったけど。

ああ、こういう瞬間がいずれ来るんだろうなと。立ち会っていたいような、いたくないような。

スタッフさんがポータブルトイレを掃除してくれた。

ところが掃除した途端にウンコをしやがる。

不織布シートを水で濡らして尻を拭くと、「優しくね」と要求しやがる。それが刺激になるのか、拭いた後でまた出る。厄介。夕方はベッドに寝てばかり。私はタブレットで暇つぶし。お湯をもらって体を拭く。「すみませんねぇ」という。よしよし。

ネーヤんとこに寄る。

タブレットで我が愛猫の動画を見せたら「孫自慢するバカじいさんみたい。こっちはそんなにあんたの猫に興味ないわよ！」と言われた。なるほど。ホームから実家へ寄って、終バスで帰るのが日常に。本当に一日仕事だ。疲れた。

10月9日（火）【ネーヤ・記】

夫の高校の同級生が２名、お見舞いに来てくださる。

夫もなんだか楽しそうだ。

10月13日（土）【W登板】

ネーヤの携帯電話の名義を変更するために、携帯電話店に予約を入れた。まあちゃんは私たちがバタバタとしているので、不穏な状態に。

どうやら、まあちゃん、入居者女性のお部屋に入って「財布をなくしたので家に帰れない。タクシー代を貸してほしい」と言ったらしい。昨日も事務所のほうまで歩いて行って、家に帰ると伝えたとのこと。帰りたい願望が強まっており、不穏。

２階で歩かせたときに、ちょっと腰を痛めた。ホームでは基本私たち家族はスリッパを履く。スリッパだと踏ん張れないし、滑る。自分専用の靴を持ってこようと思った。

昼過ぎにはホームを出る。

ネーヤの携帯電話はまあちゃんが契約したので、名義がすべてまあちゃんになっている。それを変更するための手続き。夫の名義で携帯電話って、私には信じがたい状況。変更するためには、書類を用意して面倒な手続きをしなくてはいけない。今、もし、夫の名義で何かを契約している女性がいたら、すみやかに自分の名義に変更するべきだ。

10月15日(月)【ネーヤ・記】

オムツに便がついて汚れていたので、トイレで替えようとしたら、重ね着していた上着を脱ぎ始める。暑くもないのに異常な行動。ウォシュレットのボタンがわからず、呼び出しボタンを押そうとするので慌てて制止。ひげ剃りの後、横になって居眠りこいている。来月は高校の同級生が再び来ること、来週は長女が車で迎えに来て家に帰ることを伝えると、「楽しいねぇ〜」と満面の笑み。家に帰ったらおいしいものを食べに行こうか、と突然言い出す。「トンカツは?」「中華がいい?」「お鮨は?」といろいろ聞くと、「ららぽーとはどうだ?」と言う。頭の中をいろいろと巡らせている様子、楽しそう!

10月18日(木)【ネーヤ・記】

夫の左膝に傷があると報告された。肌が赤く裂けて痛々しい。かさぶたになる前の段階。

薬とガーゼで処置。転倒してすりむいたのか。昼食後、急に「台湾へ行こうか」と言う。

私「車椅子で？」

夫「バカ言え、飛行機だよ」

私「空港までは？」

延々と続きそうなので、「今は車椅子でも世界中行けるのよね」で終わらせる。

トイレに行くが、ウォシュレットのボタンを8回も押し続ける。機械が壊れると言っても聞く耳もたない。いよいよ狂ってる。

独り寝の　枕に沁《し》みる　鉦叩《かねたたき》

一人居の　日暮れ秋思《しゅうし》の　膝を抱く

独りの秋の夜は一層寂しさが募る……。

※追記　ネーヤ、いつまで経ってもスタッフさんの名前を間違える。顔が似ている男

性スタッフをずーっと勘違いしたまま。俳句には寂しさを匂わせる。

10月21日（日）～23日（火）【2泊3日の自宅お泊り】

自宅お泊り3日間。駅まで地獄が車で迎えに来てくれた。

助手席に死神みたいなのが乗っている。誰かと思ったらまあちゃんだった。

「自分も行く」と聞かなかったようだ。地獄の誕生日祝いにタカノのケーキ。まあちゃんも食べまくり。「オシッコ漏れる」と言うので、トイレに連れていくも、紙パンツをおろした瞬間からダダ漏れ。まるで蛇口から出る水道のように。ズボンにもかかる。

10月25日（木）【ネーヤ・記】

到着早々、「昨日は潮の誕生日だった」と言う夫。

「長女のほうだよ」と教えると、ハッとなる。快晴なので外へ散歩。昼食はいつもと違ってバイキング形式。大皿が並んでいて、好きなものを選べる。入居者とスタッフさんの声が交差して、楽しそうな昼食風景。

夫は食堂で眠っている様子。隣の女性が教えてくれた。「ご主人、最近はご飯食べずに眠っているのよ」と言う。その後、ベッドに寝かせたら、いびきをかいている。今日は口数が少なく、足に力が入っていない様子。

10月27日(土)

10時半に到着。ヨーグルト飲ませて、バナナ食べさせたら、看護師さんが来た。浣腸。また私がいるときか！　最近、ウンコ担当に。ポータブルトイレですると部屋がずっとくさいんだよな。でも大量に出た。もう今日は1日ウンコ。食欲失《う》せる。ダイエットに効果的。ちなみに、私は4月から始めて、3か月で11kg減。今はちょっと戻って68kg前後に。

何回も同じ話をするんだけど、その間合いが異常。10分の間に4回同じことを繰り返す。感覚としては1分前にしゃべったことを再びしゃべる感じ。しかし、クリニックの診断書には認知症なしと書いてあった。見てない証拠。いいかげんなもんだ。

ウンコ臭で気持ち悪くて、何度か吐きそうになったし、帰りの電車でも自分にウンコ臭がしみついてるような気がする。でも、まあちゃんの尻拭きにはだいぶ慣れてきた。

※追記　ある日、排便したときに「あれ？　これ、どこかで嗅いだことがある……」と思った。私の便臭とまあちゃんの便臭が同じようなニオイ（かなりの悪臭）だったのだ。腸内細菌叢って親子で似るモノ？　親子だと便臭まで似てくるのだろうか。

10月30日（火）【ネーヤ・記】

食堂の夫の席の足元だけがひどい汚れだったので拭いていると、その隙に夫が立ち上がって2～3歩進んだかと思ったら、どっと尻餅をついた。テーブルの角に頭を打って、起き上がれない。起き上がらせようとしたときに、やっとスタッフさんが来てくれた。状況を説明すると、スタッフさんが夫の尻を見てくれる。その後、看護師さんやケアマネさんらも駆けつけてくれて、皆が尻を見る。

夫は「一発、プッとお見舞いするよ」などと冗談を連発。愉快そうな表情。皆で大笑いした。

入居者の女性のひとりが食堂で、「なんでこんなところにいなきゃいけないの。私が建てた家なのよ。家に帰りたいよ！」と嘆き悲しむ。

その嘆きを聞いて、夫も同調して、「そーだ！　そーだ！」と叫ぶ。

2018年11月　「もう二度と家には帰るなッ!!」と叫ぶ母

11月4日(日)【異文化祭:ネーヤと私のW登板】

異文化祭。ベトナム、中国、ネパールから来ているスタッフさんがいるので、彼らのお国の料理が振る舞われる。

入居者は無料、家族は1皿50円。焼きバナナ、マーラカオ（蒸しパン）、ネパールカレーなど。低予算だし、本格的な料理ではないが、まあちゃんは怒濤の勢いで食べる。モチャモチャと食い続ける姿はまさにボケ老人。排便後なのでよく食う。

まあちゃん、何度も同じ夢を見ると言う。財布を持たずに電車に乗っちゃった夢。

11月8日(木)【ネーヤ・記】

昨日、下剤を飲んだらしい。

4日前に大量に出ているのに、そんな頻繁に飲ませなくてもいいのに、と思うけれど。

船橋駅付近の変貌ぶりを話すと、起きてきて「近いうちに行ってみたい」と言う。
「介護タクシーでいつか連れていくよ」と話すと嬉しそうな様子。

ゆっくりと　車椅子押す　小春かな

11月13日(火)【ネーヤ・記】

10時到着。食堂に座っている夫、「メシ食ってないから待ってるんだよ」と怖い顔で言う。そんなはずはない。食べたことを忘れてしまった様子。何を話しかけても返事しない。不機嫌。持って行ったピーナツ煎餅を夢中で食べている。

徘徊がひどかった男性、腰骨を骨折してしまったようだ。病院に行って帰ってきた奥さんから話を聞く。渋い顔で気の毒。一方、夫は、「これで動き回らなくなるからホッとするよ。いつもそのせいで飯が遅いんだよ」と言う。入居者はそう思うかもしれないけれど。
「しかし、あいつは困ったもんだなあ。家のことなんもやんないしな。時間があれば外国ばかり遊びに行って。嫁ってそんなもんじゃないんだ。家業は手伝わないし、離婚されたって、なにも言えないよ。向こうの親はどう思っているのか」

と、次女に対して思い出したように、愚痴!!

着ぶくれて　着けば不機嫌さうな夫《つま》
そぞろ寒　ひたひた日暮　せまりくる

※追記　まあちゃんが私のことをそんなふうに見ていたのか。
でも、すぐ忘れるだろうな。

11月16日(金)【ネーヤ・記】
食堂がにぎやか。カラオケが始まっている。夫も歌っているが、マイクを独占している様子。「娘よ」の曲が流れると、昔を思い出すと泣き出すおばあさんもいる。
介護士さんから話があると言われる。真夜中、椅子に座って体を斜めにして寝ているとのこと。ラジオがたんすの上においてあるため、椅子に座ったようだが、ラジオを動かすなと言う（ラジオをベッドに持っていけば済む話なのに）。そのせいか、睡眠不足になり、朝食後は食堂で寝てしまうという。ラジオは持って帰ることに。

11月17日(土)

昨日、ネーヤから電話。

「あいつは離婚させなきゃだめだ、家業のある家に嫁いだのに、海外に遊びに行ってばかりで、家のこともやらない、お前の教育が悪いからだ」と、ネーヤが説教されたらしい。で、今朝。早朝に電話で叩き起こされて、

「お父さんは幸せじゃないと思う。年末に家に帰そうと思う。もう決めたことだから、決断したの」という。

「何をいまさら！」と怒りが湧くも、何か理由があるに違いない。

今日ケアマネさんに警報を鳴らしておこう。どうしたら説得できるか。

金銭的な根拠を出してもらって、ホームを出たほうが金がかかると示すか。

ここ数日、まあちゃんは友達と話す機会も多く、正気の時間が長かった。さらに説教もされたから、ネーヤが血迷ったか。

午後到着。部屋に入ると小便中のまあちゃん。

「どちら様ですか？」という割に満面の笑み。

「もう来ないかと思った」などと皮肉を言うも満面の笑み。かわいいな。

車椅子に乗せて外へ。今日はよくダジャレが出る。新聞記者の小説を読んだ話を振った

ら、ちゃんと返ってきた。「新聞社で鳩を使っていたのは本当？　まあちゃんの頃にもいた？」と聞いたら、「昭和60年くらいまでいたんじゃないか。鳩係もいた」と言う。「鳩が帰ってこなかったらどうするの？」と聞くと「そりゃみんなハットするよ」だって。

お見舞いに来てくれた友達の話を聞くが、誰が誰だか、ごっちゃになってる様子。「近場の海外へみんなで行くか」という。「台湾に行きたい。まあちゃんは行ったことある？」と聞くと、「向田邦子が死んだときに行った」そうだ。「夏で暑かった、取材で墜落現場に行った」らしいが、もしかしたら日航機墜落事故と混同しているのかもしれない。

今日は頭がシャッキリ。

帰り際に寂しがる。後ろ髪は引かれない。すぐ会いに来るから。

11月20日（火）【ネーヤ・記】

昨日、膝が痛くなって、病院へ行き、1日がかりで痛み止めをもらってきた旨を夫に話すと、「動物病院へ行けばよかったのに」と憎まれ口を言う。私は膝が痛いので、車椅子を自分で動かすよう促すも、やりたくないようでじっとしている。私の補助を待っているので一切手伝わなかった。

やる気がないのか、狡《ずる》いのか、本当にできないのか？

ケアマネさんと話す。昨日の膝の激痛を思うと、夫の帰宅などとんでもないことだと反省。ただし、外泊は続けることを夫に話す。長女が猫を1匹連れてくるかもしれないので、今度は往復、介護タクシーを使おうと思う。

※追記 ネーヤから電話。膝が痛くて、自宅介護は無理だと改めて察したらしい。

ケアマネさんの説得も効いたようだ。ただし11月24日から4泊5日、自宅に戻らせることを勝手に決めていた。この話を知人にしたら「お母さんも認知症始まってるんじゃないの？」と脅してくる。怖い怖い。

ネーヤの罪悪感劇場第2幕が始まってしまうのか。

11月24日(土)【4泊5日の自宅お泊り：ネーヤ・記】

昼は味噌ラーメン、おやつに月餅、ミルクココア、駄菓子。夜はご飯、野菜とベーコン入りの味噌汁、サバ缶、ひじきと油揚げと昆布の煮物、白いんげんの甘煮、ラッキョウ。箸を使わず、すべてスプーンでたいらげる。見事に完食。

夜8時、便出る。オムツについた便を紙で拭きとろうとしている夫。不思議な行動。

夜12時。気がつくと台所の電気がついている。行ってみると、椅子の上に何かを広げている。オムツもズボンもびしょぬれ、大量の尿。肌シャツやパジャマの上着も濡れている。ベッドを見にいくと、シーツ、防水シーツが外れてマットレスまで尿が染み込んでいる。4時間でどんだけ尿がたまるのか！　お手上げ！

深夜2時、またトイレ。オムツは濡れていないのに、新品を穿こうとしている。「まだ穿けるよ」と言っても「替えるんだ！」と怒鳴る。深夜のバトル。この先が思いやられる。

11月25日(日)【ネーヤ・記】

次女が来る。

夕方、風呂に入れる。湯船の中でいきなり「股がかゆい」と言って股間をガリガリ掻き始めた。「お湯の中ではやめて！　出たら石鹸で洗うから」と言っても聞かない。

この後、私が入るのに、金玉の洗い汁で入浴するのはイヤだ！

深夜12時半に1回目オムツ交換。

3時半に2回目のオムツ交換。布団が濡れていないのでひと安心。

5時、トイレの便座の前でUターンしたとき、まき散らすかのように尿が出て、私の手を濡らす。手に降り注ぐオシッコは温かいのね。出始めるともう制御できないから出し放題。「すいませんね」と言う。謝られても困る。オムツが足りなくなる。

※追記　今回はネーヤに大変さを思い出してもらうために、あまり手を貸さないようにしよう、と姉と話し合っていた。ネーヤに電話したら、早速疲れ切った声。家に着くと、布団が盛大に干してあった。散歩に行こうと思ったが、まあちゃんがその気分じゃない。足腰弱るし、ホームにいたほうが健康的。入浴介助して、私は終バスでとっとと帰る。

11月26日(月)～27日(火)【ネーヤ・記】

洗濯物の山。

風呂の水を洗濯に使おうとしたとき、湯船の底に白いフワフワのモノが沈んでいる。ホームでは股間は自分で洗うという夫。日頃の様子を見ている限りでは、自分の体を隅々まで丁寧に洗うとは考えられないので、たまった垢だという結論に至った。

同級生から電話がくる。夫、長話をしている。話の内容や会話は元気なときと変わらず。

深夜1時、夫がトイレに行く音に気づき、起き上がろうとしたときに両ひざに激痛が走り、身動きできず。夫の介助できない。壁を伝って歩き、痛み止め2錠を飲む。

自分のベッドに戻り、絶望。明日は夫を返さなければならない。

深夜2時半、夫ひとりでトイレに。オムツ尿でぐっしょり。私立てないので、夫のベッドまでいざりながら移動して、ぐちゃぐちゃの布団をかけて、自分のベッドへ倒れ込む。

深夜3時、トイレの気配。行ってみると下半身裸で立っている。「濡れた」とひと言。ひとりではどうしようもなかった様子。新しいオムツと乾いたばかりのステテコを穿かせる。寝具すべてが尿まみれ。まさか！　まさか‼　尿取りのためのペットシーツもぐちゃぐちゃに丸まり、マットレスどころか床までが尿まみれ。まるでバケツ1杯の水をぶちまけたよう。この事態を目の当たりにして茫然自失。

どう対処すべきか、言葉が出ない。絶望。

茫然と立ち尽くす夫にとりあえず、そこらへんのものを着させて、尿まみれの寝具は部屋の隅に押しやり、唯一難を逃れた羽毛布団を体に巻き付けて、寝る場所を整えた。夫、すぐに高いびきで寝る。積み上げた汚物の山と濡れたマットレスの今後を思うと、思考力ゼロ。とりあえず考えないようにして、自分のベッドに入ったのが午前4時。

30分も経たないうちに、もぞもぞと音がする。また漏らしている。

毛布の代わりがないので、濡れたところを中に折り、その上に寝てもらうしかない。さきほど取り換えたばかりの肌着とパジャマの裾がびしょ濡れ。もう代わりがないので、下はオムツだけ。こんなときでも携帯ラジオを手放さず、衣類にからませる夫。

腹が立って私が手荒く引き抜くと、「アッ‼」と言ったきり黙ってしまった。まったく手に負えない。わからんちんだ。

午前6時半、山のような洗濯物が私を待っている。

寝てなんかいられない。

風呂の残り湯で尿がついた衣類と寝具を洗い、洗濯機を3回まわす。

洗濯物を干して、ようやく一息。今日はホームに戻る日なのに、床にゴロリと横になった夫。床に寝たら最後、自分では起き上がれないクセに。強引に腕を引っ張り、「歯を磨け！」「顔を洗え！」と怒鳴りつける。

憤怒の形相、最後は涙声になる。

「もう二度と家には帰るなッ‼」と叫ぶ私。

自分の部屋に入って、鍵を閉めて、ベッドにもぐりこむ。籠城して気分を落ち着かせる作戦だったが、少し経つと、床に転がっていたはずの夫がドアをソーッと開けて様子を見に来た。とはいえ、徹底抗戦している時間はない。

「さきほどはひどいことを言ったけれど、疲れが頂点にきてたの、ごめんね」と詫びる。

なんか冗談で返された気がするけれど、忘れてしまった。

テレビを持っていくという話だったが、「見ないからいらない」と言う。
そのまま置いて、ホームへ。
ところが部屋に入ると、「あれ？　テレビは？」と言う夫。
いらないって言ったじゃない‼
「誰がそんなこと言った？」と怒っている。
夫の言葉を真に受けることはないと思いつつ、翻弄された5日間だった。

※追記　ネーヤ、不眠不休の5日間。この地獄の実況中継は、すべてネーヤがメモにとっておいたものだ。この悲惨な数日間は、ネーヤにとって大事な記憶装置である。もう二度と「お父さんを家に戻そうと思うの」と言わせないために。ネーヤも克明な記録を書き残し、しかもそれをレポートとして私にくれる。今回のレポートはA４用紙7枚の大作に。夜間の尿量がハンパなく多い。尿意を感じてトイレに行ったつもりで、紙パンツを脱ぎ、周辺にまき散らしてしまうのか。夢遊病か。寝ぼけているので尿意も一切制御不能。しかし、マットレスまで濡らすとはどういうこと？　隠しカメラで夜間の状態を撮っておくか。

２０１８年12月　まあちゃん「ちゅ～る」を吸う

12月2日(日)【ネーヤ・記】

テレビを持ってタクシーで行く。

食堂に座っていたが、オムツもズボンもびっしょり濡れている。おそらく夜からオムツ交換していない様子。ズボンも取り換える。

ひとり、元気なおばあさんが亡くなったという。

夫も認識している様子。

テレビはリモコンを渡しても、やたらとボタンを押しまくり、観たこともないチャンネルにしてしまう。興味なさそう。持ってきたのは失敗だったかもしれない。

12月3日(月)

ネーヤに電話したら入居者死去の話を聞き、ちょっと心配になった。

その空気がまあちゃんに影響していないだろうか。と思ったら、食堂で斜めになって居眠りこいてた。

2階のユニットでカラオケ体操があると誘われた。まあちゃんも行きたいと言う。カラオケは好きなのね。順番にマイクを回してくれるので歌わせてもらう。「憧れのハワイ航路」「有楽町で逢いましょう」「娘よ」など。

ひとり美声のおばあさんがいた。しかしちょっとずつズレるのが、玉に瑕《きず》。また、認知症のおばあさんがまあちゃんにマイクを渡そうとするも、手を離さず。介護士さんが間に入るも、急にまあちゃんが激高。「そっちが渡したんじゃないか！　じゃあいいよ！」と激しく怒る。びっくりした。そんなことで激高しなくても。これが認知症と痛感した。

帰る前にハガキを書かせる。文言は出にくいが、漢字はまだまだ覚えている様子。意外としっかりしている文面に。「また来るよ」と言うと「カレンダーに書いておいて。忘れちゃうから」とのこと。

私の携帯番号も聞かれる。そのへんにある紙に書き留めていたが、これが私の番号であることを一瞬で忘れていた。

12月7日(金)【ネーヤ・記】

介護士さんが茶碗を持ってくる。夫が落として割ってしまったそう。

年賀状をどうするか相談。「出す人だけ選んで」と言うと、「70枚必要だ」と言う。「あて名書きは私がやるので、中身は書いてね」と言うと、「全部書けるよ」と言うが……。

夫「お前の携帯で俺の携帯に電話して」

私「あんたの携帯は解約したから今はないよ」

夫「そんなはずない。とにかく電話してくれ」の一点張り。

テレビのリモコンも使い方がめちゃくちゃで、幼児がおもちゃをいじっているような感じ。電源、何度言ってもわからないみたい。

加湿器の　音を枕に　夫眠る

12月8日(土)

最近、まあちゃんは「食べながら寝てしまう傾眠《けいみん》が多い」という。「お茶碗や湯飲みを落として割ってしまうことが増えたので、今度からはプラスチックがいいと思います」とスタッフさん。途中で寝るって子供か！　と思ったが、認知症の症状のひとつなのだろう。

今日はホーム内を見学している家族が多い。スタッフさんが案内しているのを見て、まあちゃんが「誰か新しく入るんだな」と言う。なんとなくわかっているようだ。

部屋に戻って、ちょっと外へ出ようか、と言ったら意外にＯＫ。たぶん中にずっといて、温かいし、温度変化がないから、寝ちゃうんじゃないかしらとも思う。完全に防寒し、着ぶくれして車椅子で散歩。散歩中の犬に遭遇。まあちゃんも声かける。

空を見上げるまあちゃん、案外気持ち良さげ。空気は冷たいけど、多分、久々の外。もうひとりの老人も心配なので、実家へ立ち寄る。夕飯をごちそうになる。帰り際、いつも私に忘れ物をしていないか確認するネーヤ。

「ほら、あれ持った？　なんだっけ、サキソフォン」。スマートフォンのことだった。

12月13日（木）【ネーヤ・記】

着くなり「もう忘れられたと思ったよ」と切ない心の内を吐露する夫。鼻をほじりすぎて鼻血を出す。床にも血痕を拭った跡があり。

年賀はがきを持ってきたので、書いてもらう。「お見舞いありがとう」の字がかろうじて読める。名前は斜めになりながらも達筆なので感心する。とりあえずお見舞いに来てくださった方の分は完成。「他も全部出すよ、ケチケチするな！」と怒られる。

訪問マッサージの先生から「どの施設でも年末は死者が多い」と聞く。

衰へし　夫居眠りす　冬の昼

首かしげ　何を啄《つば》む　石たたき

冬日背に　まんじゅう食《た》ぶや　夫笑顔

12月14日(金)

上機嫌のまあちゃん。昼食後に柿とラ・フランスを一気食い。剝くと喜んで食べるのが可愛い。厚着させて外へ。空を仰ぐまあちゃん。会話も成立。眠気もない。帰ろうとしたら「もう帰るのー？」と言う。

カラオケへ。フランク永井の歌を歌って気持ちよさそう。リサイタル状態。ひとり、入居女性から声かけられる。「この前も歌っていらして上手だったのよ、ご主人。リクエストしたいわ」と言われる。父です、と訂正はせず。歌っている最中に、別のおばあちゃんから話しかけられて、まあちゃんがブチ切れかけたのでなだめる。カラオケ中も2回トイレへ。そのたびにユニットへ戻らなければならない。でも空砲だけで、実弾はちびっとだけ。

夕方、介護士さんの体操タイム。

まあちゃんがサボらないよう見張るが、案外真面目にやっとる。最初と最後に今日の日にちと曜日を聞かれる。まあちゃん、ちゃんと言えた。「パ・タ・カ・ラ」を繰り返し発声すると、唾液分泌が促されるという。勉強になるなぁ。そういえばノートの表紙にまあちゃんの字で、「エドヴァルドムンク、オスロー美術館」と書いてある。何か感情の発露があったのか。私も初めての俳句を詠もう。

娘の顔で　大腸轟《とどろ》く　冬将軍

木枯らしと　無縁の国で　父枯れる

12月21日(金)【ネーヤ・記】

バナナ、みかん、りんご、月餅を持っていく。

「果物や甘いもの食べたかったんだよなぁ」と感慨深げにおっしゃる。今日は一度も居眠りせずに積極的。散歩の後、フェンスづたいに歩いたりして、スクワットも自分でやる。

私も一緒になってやる。

横になったので寝たのかと思いきや「1年は早いなあ」としみじみ言う。「12月は特にそう思うよね」と返すと、口を開けて眠っている。夢の中で言ったのか。眠っていたくせに「アコーディオン」と聞いただけで行こうとする。よほど歌いたかったのだろう。

病む夫の　萎《しお》れゆく皮膚　冬深し
くしゃみして　放屁して　夫笑顔かな
按摩師に　駄洒落続々　木の葉髪

12月22日(土)

食堂で新聞読んでいたまあちゃん。トイレへ行ったら、紙パンツがズッシリ。取り替えて、部屋へ。ラ・フランスを食べさせて「おいしい?」と聞いたら、「美味《びみ》」と答える。最近「美味」と言うようになった。

さらに蜜入りりんごを食べさせたら、「幸せ〜」とつぶやいてにっこり。可愛い。すごいポジティブになってきた！　驚いたし、なんだか嬉しい。

機能訓練指導員さんの言葉遊びレク。

ホワイトボードにひらがなが貼ってある。言葉を作って、外していく。おばあさんとまあちゃんしか参加せず。しかしおばあさんがどんどん言葉を作るのに対して、まあちゃんはほぼ作れず。後ろから船場吉兆の女将のようにヒントを小声で出してみる。「え」「と」が残っていたので、「ね、うし、とら、う……なんていう？」とヒントを出したら「十二支」と言う。うん、間違いじゃないけどさ。「他の言い方は？」と聞いても「干支《えと》」が出てこない。授業参観で回答しちゃう馬鹿親みたいだ。

12月25日（火）【ネーヤ・記】

部屋、ポータブルトイレの周りが汚い。ついでに食堂の夫の席の下も掃除。果物を食べさせる。片手は新聞を手放さず、片手は食べるのに忙しい。

突然「草津へ行こう3泊で」と言う。しばし、旅行の話をする。いつも突然旅行に行くだの鮨屋へ行くだの話し始めるので、私もその気になって付き合う。それなりに楽しい！

庭のみかんの木にヒヨドリの大群。凄まじい食欲。なんとか俳句にと思うが、どちらも季語なのでうまくできず。

12月27日（木）【餅つき大会】

昼に到着。

餅つき大会だというので、張り切って空腹で来た。異文化祭のときのように、家族は50円とか払えば、つきたてのお餅が食べられると思っていた。ところが……。

つきたてのもちはのどに詰まりやすくて非常に危ないということで、入居者も家族もスタッフも誰ひとり口にはできないというのだ‼　ひとりでも食べちゃうとみんな欲しがってしまうから。パフォーマンスとしての餅つき。この世代は昔、家で餅つきをやっていたから「昔を思い出すトレーニング」の一環なのだとスタッフさんから聞いた。なるほど。

もちろんまあちゃんも杵を持って、体を支えてもらいながら餅をつかせてもらった。さらに希望者は、大きなテーブルの上で、餅をこねることもできる。まあちゃんも楽しそうに餅をこねこね。私は朝から何も食べずに、あんころ餅を妄想して来たので、失神寸前だ。

餅こねる　父の手つきは　幼子の如し
餅食えぬ　悲しみ恨みで　腹が鳴る
餅米を　蒸かす香りに誘われて　足を運ぶも　唾しか飲めず（短歌）

もういくらでも出てくる恨み節。

まあちゃんは楽しそうだったので、まあいいか。


12月30日(日)【1月4日(金)まで自宅お泊り：ネーヤ・記】

家に着くなり、トイレへ。便器に腰をおろす前にポタポタ漏れている。仏壇にお線香をあげてもらうが、気がついたらお供えの和菓子3個のうち2個を食べていた。

昼食の支度をしていると、待ちきれなかったのか、テーブルの上の「チャオちゅ～る」をチューチュー吸っている。チャオちゅ～るは猫のエサだよ‼

「塩味がする」と言う夫。

味噌ラーメンを食べ終えると居眠りが始まる。唇を半開きにして熟睡の状態。

夜、部屋の入口で転び、柱に頭をぶつけた夫。立ち上がれない。出血はない様子。どう起こそうか、以前の悪夢がよみがえる。柱を支えになんとか立ち上がらせる。

深夜2時半。わずかな物音に目が覚める私。もうすでに下半身がずぶ濡れの夫。電気毛布まで濡れて、マットレスも濡れている。脱がせるも、寒い中ずぶ濡れで立っている夫を早く着替えさせなければ。濡れたモノはとりあえずベランダに積み上げておく。

12月31日(月)【ネーヤ・記】

31日。朝6時からベランダの汚れ物を洗う。洗濯機、最大量で2回まわす。電気毛布は洗えないので、日に干すだけにしよう。

夕方6時に大便出る。そのまま入浴。娘たちがいないので、慎重に入れる。無事に済んだ。紅白も他のチャンネルも面白くないので、8時半には布団に入る。今夜は何回起こされるか、考えたくもないが、どうか平穏でありますよう、祈るのみ。

2019年1月 「人間の原点は尿と便なんだ」

1月1日(火)【ネーヤ・記】

深夜2時。夫が猫と会話しているので目が覚める。ベッドにビニールシートを敷いたので、尿で濡れたのはタオルケットのみ。

深夜3時。モゾモゾと音がするので、行ってみると「ウンコ」と言う。凄まじいニオイ!! ベッドは汚れていない。が、オムツにもズボンの内側にも便ぐっちょり。

私、ニオイに耐えられず、タオルで鼻と口をふさいで、処理にあたる。

「自分でお尻を拭いて」と言っても、拭いた紙の処理に迷っている様子。

寝ぼけているのか、指にもウンコ! 約1時間の悪戦苦闘。

人間の原点は尿と便なんだとまざまざと見せつけられた。

夫自身がこれらに対処できなくなっている現実を見た。

今後のことを思うと絶望しかない。

深夜2時 オシッコ
深夜3時 ウンコ
お父さん!! すごくクサイ!!
ああ、人間の原点は
ホラ 早く起きて お風呂行くよ!!
腰が痛くて 起き上がれないんだっ!!
尿と便なんだ…
今後のことを思うと絶望しかない。

午前5時。小便の介助。午前中、次女とその夫が来る。昼過ぎに長女が来る。楽しい時間はあっという間。夜、次女夫婦は東京へ帰る。

1月2日（水）【ネーヤ・記】

夜1時半・3時・4時半。その都度、オムツと肌着を取り替える。いったいどれほどの量が出るのか。

午前5時前、部屋中に轟音が2回。跳び起きた。猫が押し入れの中に入り、中からふすまを蹴ったようだ。その部屋に寝ている長女、起きるどころか凄まじいいびきをかいて眠り続けている。まったく！

1月3日（木）【ネーヤ・記】

娘たちも帰り、あと1日。

深夜1時、やはりびしょ濡れ。立ったまま眠っている。どうしてこんなに漏らすのか。

1回終わるたびに取り替えて、ベッドに寝かせ、布団をかけて寝ようと思ったら、またトイレ、という。それを3回繰り返す。

「なめとんのか、おんどりゃぁ～」

私は自分のベッドでおいおい泣く。夫に聞こえるようにわざとオイオイ泣く。

明日は帰る日。今夜は下剤のおかげで便が出たのだから。平穏無事に過ごせるはず。

1月4日(金)【ネーヤ・記】

深夜1時半、小便介助。

3時、長い間トイレに座っている。空砲が轟いているので、ガスだまりが噴火している模様。気温が高いので助かっているが、何を聞いても返事ナシ。

この数日、朝はお雑煮。餅でのどを詰まらせなかったのはよかった。夫が不安や怒り、これからのことなど、思いのたけを話してくれた。

「こんな状態では自殺するしかない」

とまで言う。私や娘たちの考えを話すと、

「要するにお前は面倒見たくないのね、ラクしたいんだ!」

の繰り返し。不毛の議論。しかし、近所に特養が完成したら、そちらに移って、毎日でも家に帰れるよ、と話をしたら、次第に落ち着いて笑顔も見られるようになった。

※追記 年末年始、ネーヤはほとんど熟睡できずに糞尿と闘った。よくやった。でも、

私たちはあえて助けない。特養に入れたのだから、何も自宅に戻さなくてもいいのだ。それでもネーヤが月に1回、必ず連れ戻しては**「自宅介護は無理だと自分に言い聞かせる」プレイ**をしている。そう、これはまあちゃんのためじゃない。ネーヤが自分自身で納得するためにやっているセルフ苦行である。

1月10日(木)【ネーヤ・記】

部屋に入ると「忘れられたかと思ったよぉ〜」と言う。毎日甘いモノや果物が食べたくて死にそうだったとのこと。ようかん、オレンジ、みかん、立て続けに貪る。体重70・4kg。

1月14日(月)

到着した私の顔を見て、ほんの一瞬「?」という顔をしたので、そろそろ忘れられるのかなと思った。

「もう誰も来ないと思っていた」を連発。

最近、むせて咳き込むことが多くなった? 気管に入っちゃうのか、長いこと咳き込む。誤嚥《ごえん》性肺炎が怖いと書こうとして気がついた。のどに張り付くようなハチミツパイを買ってきた私が悪い。

着ぶくれさせて、外を車椅子で散歩しているときは冗舌なまあちゃん。まともに会話できる。温泉行こうとか。長野県の鹿教湯《かけゆ》の話をしたら、超乗り気だった。

鼻毛と耳毛をカット。ネーヤも老眼だから、細かいところが見えていないらしい。

1月17日(木)【ネーヤ・記】

食堂で施設長の聞き取り調査の最中。日付、生年月日、フルネームなどを聞かれて、夫はよどみなく正確に答えていた。

きなこヨーグルト、黒糖饅頭、月餅など、ポロポロと床にこぼしながら食べている。

風もなく、穏やかな晴天。ティッシュペーパーもなくなったので、近所のスーパーに車椅子で連れていく。トマトジュースとチョコレートも買う。往復20分。部屋に戻ると、大量の便が出る。スタッフさんに報告すると、我が事のように喜んでくれる。

もうこれは夫の長年のクセなのだが、いつも何かの直前にトイレに行くから困る。食事の時間で皆さんが食べ始めているのにトイレへ。その後、ぐらぐらと揺れながら歩いて行くので、皆さんにも迷惑ではないか。夫に言ったら「余計な心配だ」と怒られる。

1月19日(土)

「ネーヤは今日来ないのか」を5回立て続けに聞いてくる。「そんなに会いたいの?」と聞いたら収まった。のどが渇いていたらしく、午前中だけで800ccくらい飲んだとのこと。「その後トイレに20分立てこもりましたが、出なかったようです」とスタッフさん。

カレーパン、りんご、柿、あんぱん、スイートポテト、小魚に長野銘菓のくるみそばを持参。「なんか食い物持ってきた?」と聞くまあちゃん。食べることしか楽しみがない。

ネーヤとスーパーに行ったというので、防寒&マスクをさせて連れていく。私はどこにスーパーがあるのかわからないので、まあちゃんに道案内させる。案の定、途中で迷う。が、うろうろしているうちに、ホームから徒歩5分くらいの場所にあるとわかった。散歩して、目に刺激が入るとよくしゃべる。

※追記　この寒い時期、スタッフさんは私たち家族がまあちゃんを外に連れ出すことで、気をもんでいるのかもしれない。風邪やインフルエンザをうつされたら大変だから。ネーヤも年寄りなので、年寄りが年寄りを連れて外出という構図にも心配するのだろう。

そして、とうとうネーヤにホームから電話がかかってきた。インフルエンザが猛威をふるっているので、しばらくは家族の面会も禁止だそう。業者の出入りも禁止になるので、訪問マッサージも一時中断だ。いよいよまあちゃん、本格的なおひとりさまライフへ突入。１００人の免疫力が弱った老人がいる施設では、風邪もインフルエンザも**死を招く病気**である。この措置は正しい。ただ、外部接触がなくなるので、ボケが進みそうな気がする。

警報が解除されたのは、2月12日。約1か月間、まあちゃんが心配だったので母も私も手紙を送ることにした。母の手紙は便せん6枚ほどの大作。私はちょろちょろの一筆箋程度。いざ書こうと思っても、別に伝えることがないんだよなぁ。

2019年2月　雛飾りと猫

2月14日(木)【ネーヤ・記】

思いのほか元気だった。

そしてスリムに。

夫は60kgだと言うが眉唾。串団子、チョコレート、金胡麻餅、グレープフルーツを矢つぎ早に食べる。

看護師さんが来て「今日で4日目なので、そろそろ下剤を」と話をしていたら、スタスタとトイレへ。

腰おろすなり、大量の便。

トイレでの会話。また、妹の死に際の話。

2月23日土曜日から5日間、自宅お泊りを決める。

2月20日(水)【ネーヤ・記】

夫、ドーナツが食べたいと言う。

長女が送ってくれた角封筒の中には、どら焼きと一口ようかん、おこし3個。全部一気に食べるが、おこしはぼろぼろに崩れて、床に散乱。

ホームの入口に雛壇が飾ってある。

我が家の雛飾り。写真上から地獄、潮、ネーヤ。将来の幸せな結婚の願いを込めた両親の思いに姉妹で応えたものの……(撮影:まあちゃん)

それを見て、我が家の雛飾りも千葉県勝浦市に寄付したことを話すと、購入したときのことを話してくれる。八段飾りで10万円?(もっとしたと思われる)。店頭で買ったのではなく業者に頼んだと、鮮明に覚えている様子。

※追記 我が家の雛飾り、確かに豪華だった。

ただ、毎年お内裏様とお雛様、三人官女も五人囃子も、微妙に位置が変わった。つまり、ネーヤは雑なのだ。手に持たせるグッズなども年々紛失。途中から猫を飼い始めたので、八段の階段は格好の遊び場に。面倒だし、場所をとるので、次第に飾らなくなっていった。娘の結婚を急かすというとんでもない行事だが、姉も私も比較的早くに結婚したので、一応願いはかなった。どちらも離婚したけれど。

雛飾り　猫が蹴散らす　父の思い

第3幕
父の介護で見えてきたもの

父の介護で見えてきたもの①母が語る過去

父の介護が現実問題として浮上してから、見えてきたものがある。

父に尽くしてきた母の思いと生きざまだ。父の言動や糞尿で最も疲弊していたのは母であると同時に、父のホーム入所に最も抗《あらが》って忸怩たる思いを抱いてきたのも母である。正直、私には「矛盾」としか思えず、理解不能な部分も多かった。一生理解しえないであろう感覚もある。

私自身は父を尊敬していたし、仕事をする上ではいつか超えたいと思う存在でもあった。が、伴侶としては、私が絶対に選ばないタイプである。どんなに経済的安定を確約してくれるとしても、家事を一切しない輩は精神的に無理。無駄に何度か結婚したことはあるが、全員家事万能な人だった。父は借金・暴力がないだけまだマシだが。

ところが、である。

父の介護問題で母と話す機会が増え、知られざる過去に触れることも多くなった。「父ときどき暴力男」説が浮上してきたのである。

「私が膝が痛くて動けないときに、お父さん、なんか虫の居所が悪かったんでしょ、私を蹴り飛ばしたことがあったの。『人に尻向けやがって！』って、突き飛ばされたこともあったわ。それを思い出すとムカムカしてね」

え、そんな暴力をふるわれたことがあったの⁉ もちろん恒常的な暴力ではなく、ごくたまに機嫌が悪いとき限定だ、と母は笑って言う。いや、私は1回でも無理！ 女に対して理不尽に手をあげる男は死ねばいいと思っているし、私だったら即離婚するよ‼

「私らの時代は仕方なかったのよ。あんたたちみたいに自由に生きて、自分で働いて稼げるんだったらねぇ。私にももう少し学問と知恵があったら、いろいろとはねのけて、離婚できたんだろうけれどね」

学問と知恵……。そういえば、父は高卒の母を馬鹿にするような文言をよく言っていたし、母の田舎を見下す発言もしていた。冗談というかダジャレで言ってはいたけれど、考えてみたら、あれは完全に**モラハラ**である。母に伝えると、

「モラハラってなあに？」

と聞いてくる。嗚呼、もうその時点から感覚が違うのだ。

「あなたの人格や考え方を頭ごなしに否定したり、言葉で傷つけるようなことだよ」

と言うと、思い当たるフシがあったようだ。

「そういえば……恥ずかしいから改名しろ、みたいなことを言われたことはあったわねぇ。さすがに親を否定されたようで頭にきたけど」

母の名前は旧字で、非常に珍しい漢字を使う。父はその名前が気に食わなかったらしく、改名を迫ったというのだ。うん、それは完全にモラハラだね。

母の中では、昔の父の蛮行が次々とよみがえってきている。

それもこれも「日記を読み返せ」と私が言ったからだろう。父の食事と糞尿の世話から解放されて、時間を持て余すようになったことも大きい。自分の日記を読み返しては、牛のように反芻する日々。娘の私が聞くとギョッとするような話も、母がぽつりぽつりと話してくれるようになった。

しかし、この世代の妻は皆、口を揃えて言う。

「夫に尽くすのが妻の仕事」「みんなそうやってきたから」「それが当たり前だと思っていたから」。主人と奴隷の関係をいつまでも「美徳」とか「愛情」と思いこんでいる。いや、そう思いたいのだ。そう思わないと、自分の人生を否定することになってしまうから。

そして、これが家族に介護が必要な状況になると、より強烈な呪いとなって、家族を苦しめる。

「親の面倒を見るのは子供の仕事」
「みんなそうやってきたから」
「それが当たり前だと思っていたから」

私はこの呪いを断ち切るべきだと思っている。

何の苦もなく、強さと優しさと愛おしさをもって、仕事を続けながら介護を楽しめる人なら、どうぞ続けてください。

そうでない人は頑張らなくていい。親への恩義と感謝は決して忘れないけれど、24時間・365日の自宅介護は致しません。それでいいと思う。

母は母で、これからの自分の人生を楽しんでほしい。父を老人ホームに入れたからといって、責任を感じる必要もないし、毎日会いに行かなくてもいい。時折寄り添って、最期まで看取る意気込みだけを持っていればいい。

今は、そんなことを繰り返して伝える毎日である。母もだんだんと自分の感情に折り合いがつけられるようになってきたので、ようやくスタート地点に立ったかな、という状態だ。

「え？　ゴールじゃないの？」と思うかもしれない。いやいや、まだスタート地点なんだよ、これが。

父の介護で見えてきたもの　②母の心配性

ホームに入って1年も経つと、父はかなり安定してきた。

体重も減り、体も軽くなったようで、目を見張るような動きもたまにする。以前は出っ張った腹のせいで、自分で靴を履けなかった父が、先日、自分で靴を履いている姿を目撃した。スタッフさんや入居している人に話を聞くと、自分の足でちゃんと歩いて、普通に過ごしているときもあるそうだ。ああ、私たちは甘やかしすぎてきたのかと反省もする。

見守ってくれる人がたくさんいるホームにいる父は、ひとまず私の心配の対象ではなくなった。むしろ独り暮らしをしている母のほうが心配になった。

とにかく心配性で、事件や事故が起きると必要以上に感情移入して、勝手に揺さぶられている。先日も「アポ電強盗事件（まずアポイントの電話で高齢者の身辺に探りを入れて、のちに家を襲撃して、強盗殺害をはたらく輩の事件）」の報道をテレビで観て、戦々恐々としているのだ。夜は出歩かず、戸締まりを何度も確認。携帯電話は留守電をセットし、防犯意識としては、いい心がけである。

ところが、だ。やはりそこは高齢者だなと思わせることがあった。

私は母に電話をかけるとき、必ず「もしもし、潮です」と名乗るようにしている。母もそれはわかっているはずなのだが、銀行の男性から電話がきたときに、てっきり私だと勘違いして、

「あんた、風邪ひいたの？　声がおかしいわよ」

と言ったそうだ。もし相手が手練れの犯罪者だったら、まんまと話を進めるところである。心配性のクセに肝心なところで抜けている、これが母の性質であり、悪しき特徴だ。

その母がボケたらどうしよう。ケガや病気で入院する可能性もゼロではないが、要介護状態になったら、少ない年金額の中でどうやりくりするべきか、と今から考えている。ホームに入れる前提で。そのことを母に話したら、

「そういえば、私の父も、最後は認知症が入ってたからねぇ」

と脅しやがる。そして、祖父母の驚きのエピソードを話しやがる。

「父さんは、和裁の仕事で忙しい母さんを助けようとして、炊飯器を火にかけたらしいし、

最後は病院でウンコも投げてきたのよ。母さんは母さんで、何度も同じことを言って、かなりの心配性だったたっていうからねぇ」

戦慄しかない！

でも、先のことを勝手に心配しても始まらないし、時間の無駄だ。極力、母とは密に連絡を取り、刺激を与えて、母と自分の健康に気遣おうと思っている。

父の介護で見えてきたもの　③父の変化と私の老後

父の症状は実にまろやかというか、なだらかなほうである。

私の友人・知人に聞くと、親の徘徊がひどくて、頻繁に警察から呼び出された人もいる。四六時中暴言を浴びせられて精神的に参ってしまった人もいる。父は「**拒む**」「**暴れる**」などの問題行動よりも、「**無気力**」「**諦める**」の度合いが非常に強かった（少なくとも私の前では）。紙パンツもすんなり受け入れたし、介護サービスも喜々として受けていた。ホームに入る際も、暴れたり叫んだりという行動はなかった。入所後、愚痴をねちねちと母にぶつけ続けてはいるけれど、認知症患者としては実に御しやすいほうだったと思う。そこは幸運だった。

父と向き合っていて、いつも思う。父はどんな思いでここにいるのだろうか、と。

毎日、身に覚えがないことの連続で、自宅に帰りたいと思っていても、家族は笑ってごまかすだけ。毎日新聞を読みたくても読めない。甘いものを食べたくても、出された食事以外は何もない。買い物もできないし、外にも出られない。60代のつもりなのに、年寄り扱いされたり、赤ちゃん扱いされたりして不愉快だ。テレビをつけても自分の好みの番組に合わせることができない。なーんもやることがない。

こうやってここで死んでいくのかなぁ。いやだなぁ……。

なーんて、父の立場になって考えると、暗澹《あんたん》たる気持ちになる。私もいつかこうなるんだなぁと考えたりもする。夫には「もし私がボケたら、家を売って適当な施設に放り込んでくれ」と伝えてあるし、逆に夫がそうなったら「即、施設に入れるからよろしく」と脅してもいる。ボケてウンコ垂れ流す前に、病気でポックリ、なんて夢のまた夢だ。

年金で乗り切れるのは、おそらく父が最後の世代だ。

これからは支給開始年齢も間違いなく上がるだろうし、老人福祉に力を入れるはずもない。私の世代は80歳にならないと年金がもらえないかもしれないし、そもそも年金のシステムも破綻しそうである。未来を背負う子供にすら夢も希望も与えないのが、この国の政治家なのだから。

そう思うと、自分の身は自分で守るしかない。**貯蓄と資産運用、そして死ぬまで働き続けられる仕事**を見つけることだ。介護が必要になったときに、年金に頼らなくともなんとかなるシステムを今から構築しておこうと思った。

父のおかげで、四十半ばにして自分の老後を考えるようになった。子供がいなくてよかったと改めて思った。老親と夫と自分のことだけを考えられるのは、どれだけ気が楽か。こういう境遇になるべくしてなったのだと思った。

先が見えない認知症

ホームヘルパー2級の資格はもっているものの、十数年前に勉強したことはすっかり忘れている。もちろん、十数年前と今では制度も考え方も違うだろう。認知症に関して語れるほどの知識や経験もないし、アドバイスできるほどの器もない。症状は実にさまざまで、認知症と言っても十人十色だ。父の老いのパターンとうまく付き合うしかない。

父は特別養護老人ホームに入所できたが、この先がまだまだ長い。認知症だが内臓は元気で、大怪我もまだしていない。私の予測ではこの後10年以上は生きるのではないかと想定している。長生きしてほしいと願うのは、母も同じ。父が生きている限り、年金が支給されるし、母の生活をある程度支えてくれているからだ。

ホームに入れてひと安心であることは間違いないが、そこがゴールではない。スタート地点というのは、今後父の症状の進行と向き合わなければいけないからだ。

父は排泄の問題が一番大きいのだが、暴力的な行動や徘徊などはまだあまり見られない。自分がどこにいるのか、今がいつなのかがわからない「見当識障害」が強く、時折「**せん妄**（つじつまの合わないことを言ったり、何かをばらまいたり、幻覚を現実と思いこむなど）」が見られる程度だ。

ただし、ユニットを出て事務所まで自らの足で歩いていき、「電話を貸してくれ、家に帰る」と言い張ることもある。その際に興奮して、スタッフさんにやや暴力的な言動をとることもあるようだ。さらには転倒もする。こういうときは、ケアマネさんから連絡がくることになっている。連絡を受けた母はホームへ駆けつける。「徘徊」に近い言動はすでに始まっているのだ。

規則正しく、カロリーコントロールされた食事のおかげで、体の軽くなった父は、いつか脱走するかもしれない。止めようとしたスタッフさんに声を荒げて、暴力をふるう可能性は充分にある。もし頻繁に問題行動を起こすようになったら、鎮静剤のような薬で抑えなければいけないときも来るだろう。

ダジャレを連発して、すらすらと昔話をする「**賢者タイム**」もあれば、何を言っても聞かずに興奮したり、逆に意欲低下でまどろむ「**認知症タイム**」もある。すこぶる調子がいいときもあれば、返事すらせずベッドに寝ているだけの日もある。

要するに、この繰り返しなのだ。スタッフさんと連携して父のパターンを把握する必要があるし、母にかかる負担は極力抑えていきたい。

父に認められたい病

今後、父とは意思の疎通ができなくなっていくかもしれない。私のことを忘れてしまう可能性も高い。

「どちらさまですか？」の軽口が、冗談じゃなくなる日もそう遠くはないだろう。それでも私は定期的に通い続ける。

父の介護に向き合う自分の源はなんだろうと考えた。「甲斐甲斐しく父の元へ通う孝行娘と思われたい」「父の介護をネタに善人と思われたい」「介護にかかわることでの自己満足」「父をネタにして金を稼ぎたい」。いずれも本心だ。でももっと根源的なところで、私は父に認められたいのだと気づいた。

第2幕でもちょっと書いたが、父は私を「不肖の娘」と思っているフシがある。大学まで出してやったにもかかわらず胡散臭いフリーランス稼業で、何度も結婚している。最終的に家業を継いだ長男の嫁になったにもかかわらず、家業は一切手伝わず。父にとっては恥ずかしい娘なのだ。

昔から、変わり者だがとびぬけた才能の持ち主で、海外に飛び出して十数年生き抜いた姉のことは、対外的にも自慢の種だった。さらに自分が生まれた田舎に居を構え、墓守娘となった姉を誇りに思っている。誇りに思っているし、未だに「愛娘」として心配と寵愛の対象でもある。

私はどんなに頑張っても、雑誌や新聞で署名原稿を書いても、テレビに出ても、「父の自慢の娘」にはなれなかった。

それが悔しい。

どこかで、私は父に認められたいのだろうと思った。慢性の「父に認められたい病」なのだ。

親の介護のために離職したり、自宅介護でにっちもさっちもいかなくなった人も、もしかしたら、この**承認欲求**が強いのかもしれない。

父の記憶から一番初めに消え去るのがたぶん私だ。母でも姉でもない。

そこは妙な自信もある。

私は私で、歪んだ承認欲求を一方通行で投げ続ける。自分の生活と父の介護はちょっと距離を置いた状態で、「私を認めて〜」と要求し続けていく。

自分でも気持ちが悪いなと思うのだが、私はファザコンなのだと改めて痛感している。

おわりに

２０１９年８月。父が老人ホームに入居して、約1年半が経とうとしている。この本を執筆しているときから、かなり時間が経った。その間に、実にいろいろなことが起きた。

まず、４月に父が入院した。耳だか鼻だかからウイルスが入ったらしく、顔面神経麻痺になってしまったのだ。顔の左半分がだらんと垂れ下がり、ちょっと人相が悪くなってしまった。口から食べ物をこぼしまくるようになったのだが、まあ、これは今に始まったことではないし、さほど驚くことでも困ることでもない。

老人ホームに行くたびにスマホで一緒に写真を撮っていたのだが、撮影を躊躇するくらい、顔がひん曲がっている。鍼《はり》治療は毎週1回受けているのだが、初動が遅れたせいもあって長期戦に突入した。仕方ないので、母と私はホットタオルを当てたり、顔面のマッサージを施したりしている。元に戻ると信じて。

さらに、転倒の頻度が高くなったため、基本的には車椅子生活になった。以前は、よちよち歩いていたのだが、とにかくまあちゃんはよくすっ転ぶ。先月も転倒して頭を打ったため、念のため病院へ検査に行ったのだが、異常ナシ。病院から帰ってきた途端、再びすっ転んだらしい。もう、ザ・ドリフターズのコントレベルですっ転んでいる。つまり、足腰の衰弱が激しいということだ。

今、何月何日で、自分がどこにいるのかわからない「見当識障害」も進んだ。それでも、ダジャレはまだ出てくるし、急に昔の鮮明な記憶を手繰って話をするなど、賢者タイムもまだまだたくさんある。ホームのスタッフさんも、まあちゃんの特性をわかってくれているので、母も私も安心して、自分たちの生活を別々に送っている。

母も独り暮らしにだいぶ慣れてきた。一時期、姉の飼っているオス猫を1匹、母の家に連れてきたのだが、そりゃもう目に余る猫かわいがりで。夫よりも猫が大事になった。猫のために生活がガラリと変わった様子を見て、猫の効能を改めて痛感した次第。

そして、私が19年間生活を共にしてきた愛猫キクラゲ（20歳）が、2019年5月末に亡くなった。最後の5日間は壮絶な苦しみを味わった。最期を看取ることができてよかったと思ってはいるが、気がつくと滂沱《ぼうだ》の涙で、私自身が尋常ではない精神状態だった。ただし、仕事も異様に立て込んでいて、日々忙殺されていたので、外ではテンションを高く保つこともできた。父のホームにはしばらく行くことができなかった。
久々に顔を出したとき、キクラゲの死を母から聞かされていた父は、とても悲しそうな顔をした。半分垂れ下がってはいるが、哀悼の気持ちを表情に滲ませてくれた。「残念だったなぁ、キクは。何歳だったんだ?」と何度も何度も尋ねてきた。嬉しいやら悲しいやらで、むしろ私の顔のほうが歪んだ。父の部屋で泣いた。

そんなこんなで、今これを書いているのだが、この本の編集者・山﨑さんの話も書いておく。彼も母親を特別養護老人ホームに入れた、いわば私の同志でもある。お母さんは今年の3月から何度も危篤状態になり、病院に入院することになった。激務の中、病院へ足繁く通っていたのだが、とうとう山﨑さん自身が会社内で倒れてしまったこともあった。
そして7月末、お母さんは亡くなられた。「覚悟はしていた」と山﨑さんはＬＩＮＥ《ライン》を送ってきた。お母さん、安らかにお眠りください。私も来るべきときを覚悟しておきます。

「親の介護はプロに任せる」という選択肢は私と山﨑さんの共通の信条であり、罪悪感や後悔はない。老人ホームに入居させて、「お父さんがかわいそう」「おふくろがかわいそう」とは思っていない。むしろいつも誰かが見守っていてくれる環境に感謝しているし、自分たちが24時間の自宅介護で疲弊することなく、元気に働き続けて生活を維持することのほうが親孝行だと考えている。

親の介護をしないとダメですか？　親孝行って何ですか？　枯れゆく親・壊れゆく親をいつも笑顔で手取り足取りの献身介護には、限界がありませんか？　親のために何かを我慢したり、とてつもない無理をしていませんか？　かろうじて年金で暮らしていけて、公的介護サービスを申請すれば受けられる今の親世代ならば、うまく利用する手はずを整えてあげる、それが親孝行ではありませんか？　まあ、人それぞれの考え方があるので、あとはご自身で良き選択を。

最後に、ネタを提供してくれたまあちゃん、イラストを描いてくれた姉・地獄カレーに感謝。そして最大の功労者、この本の半分を執筆してくれたネーヤ、本当にありがとう。原稿料と印税の半分は、ネーヤがホームに入るときの資金として、とっておきます。

吉田　潮

2019年8月末

吉田潮（よしだ・うしお）
1972年生まれ。おひつじ座のB型。千葉県船橋市出身。ライター兼絵描き。法政大学法学部政治学科卒業後、編集プロダクション勤務を経て、2001年よりフリーランスに。医療、健康、下ネタ、テレビ、社会全般など幅広く執筆。『週刊フジテレビ批評』、『Live News it!』（ともにフジテレビ）のコメンテーターなどもたまに務める。2010年4月より『週刊新潮』にて「TVふうーん録」の連載開始。2016年9月より『東京新聞』放送芸能欄のコラム「風向計」を連載中。著書に『幸せな離婚』（生活文化出版）、『TV大人の視聴』（講談社）、『産まないことは「逃げ」ですか？』（KKベストセラーズ）、『くさらないイケメン図鑑』（河出書房新社）ほか多数。本書でも登場する姉は、イラストレーターの地獄カレー。
公式サイト『吉田潮.com』 http://yoshida-ushio.com/

カバー・本文イラスト　地獄カレー
装幀・本文デザイン　竹内雄二

親《おや》の介護《かいご》をしないとダメですか？

2019年9月20日 初版第1刷発行

著　者　吉田《よしだ》　潮《うしお》
発行者　小川真輔
発行所　KKベストセラーズ
〒171-0021 東京都豊島区西池袋5-26-19
陸王西池袋ビル4階
電 話 03-5926-6262（編集）
03-5926-5322（営業）
印刷所　近代美術
製本所　ナショナル製本
ＤＴＰ　三協美術

©Ushio Yoshida 2019 Printed in Japan
ISBN 978-4-584-13923-3 C0095
定価はカバーに表示してあります。落丁・乱丁本がございましたらお取り替えいたします。
本書の内容の一部、あるいは全部を無断で複製複写（コピー）することは、法律で認められた場合を除き、
著作権および出版権の侵害となりますので、その場合にはあらかじめ小社あてに許諾を求めてください。